国家出版基金项目
NATIONAL PUBLICATION FOUNDATION

"船舶智能制造关键共性技术"丛书

U0645181

船舶中间产品智能生产线设计技术

于 航 徐 鹏 沈文轩 周 龙 主 编

哈尔滨工程大学出版社
Harbin Engineering University Press

内 容 简 介

本书主要针对船舶工业造船中间产品制造自动化、流水化程度低，智能生产线设计与控制技术自主可控能力不足等现状，详细介绍了船舶中间产品智能生产线设计技术。本书结合各类中间产品制造的生产作业现状和智能化、流水化生产需求，介绍了五条智能生产线的总体布局、智能化装备及设施配置、生产线集成控制等技术，描述了典型中间产品智能生产线设计方案和智能控制系统。

本书可供船舶制造车间设计、管理等人员参考使用。

图书在版编目(CIP)数据

船舶中间产品智能生产线设计技术 ／ 于航等主编.—哈尔滨：哈尔滨工程大学出版社，2023.11
ISBN 978-7-5661-4029-6

Ⅰ. ①船… Ⅱ. ①于… Ⅲ. ①造船-中间产品-自动生产线-设计 Ⅳ. ①U671-39

中国国家版本馆 CIP 数据核字(2023)第 129264 号

船舶中间产品智能生产线设计技术
CHUANBO ZHONGJIAN CHANPIN ZHINENG SHENGCHANXIAN SHEJI JISHU

选题策划	史大伟　雷　霞　汪　璇　周长江
责任编辑	王丽华　李　暖
封面设计	李海波

出版发行	哈尔滨工程大学出版社
社　　址	哈尔滨市南岗区南通大街 145 号
邮政编码	150001
发行电话	0451-82519328
传　　真	0451-82519699
经　　销	新华书店
印　　刷	哈尔滨午阳印刷有限公司
开　　本	787 mm×1 092 mm　1/16
印　　张	10.25
字　　数	236 千字
版　　次	2023 年 11 月第 1 版
印　　次	2023 年 11 月第 1 次印刷
书　　号	ISBN 978-7-5661-4029-6
定　　价	60.00 元

http://www.hrbeupress.com
E-mail:heupress@ hrbeu.edu.cn

《船舶中间产品智能生产线设计技术》
编　委　会

主　编

于　航　徐　鹏　沈文轩　周　龙

副主编

储云泽　汪　璇　姜　军　郗金波　周文鑫

编写人员

前　　言

随着全球新一轮科技革命和产业变革深入发展,新一代信息技术与先进制造技术加速融合,为制造业高端化、智能化、绿色化发展提供了历史机遇,世界造船强国纷纷规划建设智能船厂,以智能制造为抓手,力图抢占全球制造业新一轮竞争制高点。船舶制造是典型的离散型生产,具有船厂空间尺度大、船舶建造周期相对较长、工艺流程复杂、单件小批量生产、中间产品种类繁多、物理尺寸差异大、作业环境相对恶劣等行业特点,对智能制造技术提出了特殊要求。

近年来,在国家的关心指导、行业的不断努力下,我国船舶工业实现了跨越式发展,产业规模迅速扩大,国际市场份额大幅跃升,造船三大指标位居世界前列,船舶工业核心设施和技术能力大幅提升,形成了长三角、珠三角和环渤海湾三大造船基地;造船核心设施能力达到国际领先水平,骨干船厂建立起以中间产品组织生产为特征的现代总装造船模式,并不同程度地开展了智能化转型探索工作,取得了一定成效。但是我国船舶工业大而不强的问题依然存在,造船质量、效率与世界先进造船国家相比还存在一定差距,我国船舶制造业处于数字化制造起步阶段,各造船企业发展水平参差不齐,三维数字化工艺设计能力不足,关键工艺环节装备自动化水平不高,基础数据缺乏积累,互联互通能力薄弱,集成化水平低等问题亟待解决。未来的 10~20 年是我国由造船大国向造船强国迈进的关键时期,也是我国造船企业通过技术创新实现转型升级、由大到强的重要发展机遇期,风险更大,挑战更为激烈。

为贯彻落实海洋强国、造船强国国家战略,国家相关部委先后发布了《推进船舶总装建造智能化转型行动计划(2019—2021 年)》(工信部联装〔2018〕287 号)、《船舶总装建造智能化标准体系建设指南(2020 版)》(工信厅科〔2020〕36 号)等规划文件,旨在加快新一代信息通信技术与先进造船技术的深度融合,提高我国造船效率和质量,推进船舶总装建造数字化、智能化转型。2016 年 12 月 20 日,工业和信息化部、财政部批复"船舶智能制造关键共性技术专项"项目立项,专项以船舶智能车间为对象,研究突破船舶智能制造关键共性技术,形成船舶智能制造核心技术和系统集成能力,使我国船舶企业建造技术水平跃上一个新台阶,缩短与国际先进造船国家的差距。通过"船舶智能制造关键共性技术专项"四年的研究,形成了一批船舶智能制造关键技术研究成果。为更好地推广科研成果,实现行业共享,项目组将专项的主要研究成果编辑成一套"船舶智能制造关键共性技术"丛书,该丛书以船舶智能车间为对象,通过对面向智能制造的船舶设计技术、船舶智能制造集成技术应用以及互联互通的船舶智能制造车间基础平台开发的相关研究总结,形成船舶智能制造关键共性技术的知识文库,为我国造船企业推进智能制造提供方向指引和知识支撑,助推提升企业造船效率和质量水平,为进一步构建智能船厂,实现我国由造船大国向造船强国的转变打下坚实基础。

本丛书共十一分册,各分册主要内容如下:

第一分册《船舶智能制造数字化设计技术》主要介绍船舶智能制造的数据源头数字化设计技术,包括基于统一三维模型的详细设计及审图、设计与生产集成、三维工艺可视化作业指导以及面向智能制造的产品数据管理系统开发与应用等内容。

第二分册《船舶智能制造工艺设计》主要介绍船体构件加工成形、船体焊接、管子加工、船体结构件装配、分段舾装、涂装等关键工艺环节的工艺模型设计、工艺特征描述、工艺路线设计、工艺知识库构建。

第三分册《船舶智能制造模式》主要介绍造船企业智能化转型的目标图像,分析国内骨干造船企业智能制造技术总体水平与差异,构建以信息物理系统为核心的船舶智能制造系统架构,研究船舶智能制造的设计、管控生产模式,并给出实施路径与评估评价方法。

第四分册《船舶智能制造车间解决方案》主要介绍船舶智能车间通用模型、面向智能制造的船舶中间产品工艺路线制定,提出船体分段、管子加工与分段涂装智能车间解决方案。

第五分册《船舶中间产品智能生产线设计技术》主要介绍国内骨干船厂中间产品生产线的发展现状以及对自动化、智能化程度的需求,研究型材切割、条材切割、船体小组立、平面分段、管子加工等典型中间产品生产线的设计方案,设计开发智能控制系统并验证,支持各类中间产品智能生产线的应用。

第六分册《船舶智能制造的统一数据库集成平台》主要介绍数据库顶层设计、数据库设计规范、数据库标准接口和数据库集成开发技术。

第七分册《船厂大数据技术应用》主要介绍船厂大数据应用的顶层设计、大数据质量保证、大数据分析和应用使能工具等技术,并对基于大数据的派工管控协同优化、分段物流分析与智能优化、船厂能源管控优化进行应用研究。

第八分册《船舶车间智能制造感知技术》主要介绍船舶分段制造车间定位技术、船舶制造中间产品几何信息感知技术、车间资源状态信息采集技术、船舶焊接与涂装车间环境感知应用技术。

第九分册《船舶制造车间组网技术》主要介绍船舶制造车间复杂作业环境下的网络构建和覆盖、制造过程物联,构建基于物联网的可控、可管、可扩展和可信的船舶分段制造车间网络空间架构。

第十分册《船舶智能制造海量数据传输与融合技术》主要介绍基于三维模型的海量数据传输技术及海量异构数据融合、管理技术。

第十一分册《船舶分段车间数字化多工位协同制造技术》主要介绍船舶分段制造车间切割、焊接等多工位协同作业、协同机制分析技术与船舶制造现场多数据源协同集成技术。

本丛书是项目团队花费大量时间和精力研究、编写的成果，希望能够得到广大读者的认可和支持。同时，我们也期待着读者的宝贵意见和建议，以便我们不断改进和完善本丛书的内容，为读者提供更加优质的服务和产品。

最后，我们要感谢所有参与本丛书编写和出版的人员及单位，他们的付出和支持是本丛书能够顺利出版的重要保障；还要感谢所有关注和支持智能制造技术发展的人，让我们共同推动智能制造技术在船舶行业的广泛应用和发展，为实现船舶工业数字化、智能化转型而不懈努力！

编　者

2023 年 5 月

目　　录

第1章 船舶中间产品智能生产线总体架构设计

1.1 概　　述

本章以船舶中间产品为对象,分析船舶中间产品智能生产线作业流程和设计原则,提出船舶中间产品智能生产线的技术方案,指导船舶智能生产线建设。

1.2 船舶中间产品的内涵

1.2.1 船舶中间产品的定义

生产过程中的作业单元叫作中间产品,中间产品是在进行最终产品作业任务分解时分解出来的组成部分,也可以作为形成最终产品的组成部分,其"产品"特征很明显。中间产品也可以看作一个"独立的、完整的产品",它由多个工种共同完成,而且具有明确的质量指标等。对于船舶建造而言,中间产品是指根据船舶建造的不同区域、作业的不同类型和施工的不同阶段,在船舶逐级分解过程中得到的零部件、组件、分段、总段等各个阶段性产品,以及特定的作业任务,如装配作业、涂装作业、舾装作业等,是相对于最终产品(即船舶)而言的在制品。中间产品是将船舶按照区域、类型和阶段进行层层分解而得到的"作业任务包",是由专业化生产组建造的实物或执行的任务。船舶建造过程中,将较低级的中间产品组合为较高级的中间产品,通过各级中间产品的逐级组合最终建成一艘船舶。典型中间产品见表1-1。

表1-1　典型中间产品

序号	名称	典型中间产品示意图	特征描述
1	平直板		一般基面面积较大,需经过拼板在基面上焊接较简单构件,如横向隔舱、纵向隔舱、平台板等

表 1-1（续）

序号	名称	典型中间产品示意图	特征描述
2	肋板		基面较平板簇小,基面连接各类构件
3	肘板		基面面积较小,连接一块或多块面板/加强筋
4	标准 T 型材		由腹板和面板组成,平直、长宽单一
5	曲边 T 型材		基面面积较大,基面上连接构件,且连接有曲形面板,如肋骨、舷侧纵桁
6	其他型材		短的 T 型材、横梁或纵桁、型钢连接肘板
7	曲面板		基面为曲面,基面上连接构件,制造时一般需要胎架
8	其他		箱体、支柱

1.2.2　中间产品分类成组

1.零件分类

零件是船体结构的最基本单元,指仅经过号料、加工而未经装配和焊接工序的成型钢板或型材。板材有平直板材、弯曲板材、折边板材等形式。平直板材主要用于舱壁板、内底板和平台等部位;弯曲板材主要用于船体外板;折边板材通常是由平直板材沿板边某一距离的直线折角而成。船体上常用的型材主要有扁钢、角钢、球扁钢、槽钢、工字钢、T型钢、圆钢和钢管等。

2.部件分类

部件是由至少两个零件进行一次装配或者焊接形成的船体构件,一般是小组立的中间产品。其要求的特征在部件制造中主要有七个:材质、零件个数、投影面积、高度、焊缝长度、质量、空间形状。部件制造有三个主要特征:焊接位置、翻身、焊接设备。部件材质不同,相对应的焊接方法也不同,这就使得不同材质对应的焊机、焊剂以及焊接作业均不同。部件的生产周期与零件数量有很大关系,零件数量越多,起吊设备的时间越长,造成零件托盘堆场的数量越多。生产时的投影面积与制造部件所需的场地面积成正比。在装焊连接时,部件的高度影响实施的难度。在部件装配过程中,焊缝长度可在综合分析焊接方法以及难易程度后计算出来,表明焊接工序所消耗的工部件的质量,决定了所需起吊设备的能力。部件的空间形状决定了制造工艺:建造基面若是平面,则在平台上直接制造;建造基面若是曲面,则需借助胎架。焊接位置表明了焊接操作人员焊接构件的方式,由易至难可分为俯焊、横焊、立焊和仰焊。翻身需要焊接吊马或特殊的工装夹具,而且用到起重设备,增加了工作量和成本,但可以变仰焊为俯焊,构件焊接更方便,焊接质量更高。不同的焊接设备对应不同的焊接方法,一般采用埋弧自动焊焊接拼扳,CO_2气体保护焊焊接角焊缝,多头自动焊焊接纵骨或肋骨。部件一般按照空间形状和外形尺寸来分类,将空间形状、制造流程等相似的编成一组,通过形成制造簇实现部件的连续加工和专业化生产。

3.组件分类

组件是由若干部件和零件装焊成小分段的片状结构,称为片体或小分段,相比于部件,其在中间产品中更高一级。组件按照空间形状大致可分为曲形基面组件、平直基面组件及其他复杂形状组件。组件采用的生产工艺流程由空间形状决定。

4.分段分类

分段在中间产品中的级别高于组件,它包含了壳、舾、涂等船体结构中的组合件。分段在船厂中所属的区域不同,对应的空间形状差别也很大。分段按照形状可分为上层建筑分段、艏艉立体分段、货舱双层底分段、货舱舷侧分段、机舱双层底分段、机舱半立体分段等。

1.2.3　中间产品的主要特征

中间产品作为现代化船舶生产的显著标志,具备很多特征。

1.中间产品具有相似性

以"中间产品"为导向的现代造船模式是应用成组技术和相似理论将船舶按区域、类型、阶段以及作业性质进行分类组合的。为使具有多品种、小批量等特点的船舶生产获得大批量生产的市场效益，必须将具有相似形状、相似加工流程或是具有相似功能的中间产品分类成组进行加工。因此，这种应用了成组技术和相似理论对船舶进行逐级分解得到的"同类"中间产品往往具有相似性。

2. 中间产品具有独立性

现代造船模式要求不同类型的中间产品在空间上分道生产，在时间上有序安排，互不干扰。运用统筹兼顾的原理，在组织和生产中间产品时，将不同种类中间产品的作业场地区分开来，形成一个个相对独立的小型"工厂"。这样做相当于将整个船厂划分成很多个用于专门生产某类中间产品的生产中心，有利于对各类中间产品的作业计划进行合理的安排；同时也为生产成本的核算、工时的统计、物量的统计、质量的控制等提供了很大的便利。

3. 中间产品具有完整性

每一类中间产品都拥有一个完整的生产资源网络，包括劳动力资源、工具设备资源、场地资源和资金等。因此应把任何中间产品都看作一个完整的产品。当它被输送到下一个工作场地时，其每一项指标都应达到完工状态。所以每一类中间产品既是前道中间产品的"客户"，又是后道中间产品的"供应商"，它具有类似于最终产品的完整性。

4. 中间产品的制造具有一定的节拍性

各类中间产品都有其特定的作业任务和作业流程，并不是单一工种可以完成的，它需要不同专业的多工种或者复合工种来按照一定的生产流程有序地完成；需要按照一定的时间作为其生产节奏，从而达到有序、均衡的生产状态，为实现中间产品生产管理的流通量控制提供保障。

1.2.4　船舶中间产品划分原则

根据现代造船模式的要求，按照系统、区域、类型和阶段这四个特征就可以将船舶建造工程分为独立中间产品的生产作业。

1. 特征

（1）系统

系统指产品的操作功能或结构功能。如操作功能为锚泊、消防、燃油、照明系统等，结构功能为纵舱壁、横舱壁等。

（2）区域

区域指对产品的某一部位进行划分或组合而形成的生产对象。如可将整船划分为货舱、机舱、艏部、艉部、上层建筑等大区域，大区域又可细分为许多结构分段或者舾装单元，甚至可分解为一个个零部件。

（3）类型

类型指产品作业的特征。生产类型有多种分类依据，如按工种可分为备料、预处理、切割、焊接等；按外形特征可分为曲面和平面、大直径和小直径等；按材质可分为钢材、木材和铝材等。

（4）阶段

阶段指生产作业的时间。如按照生产顺序可分为生产准备、下料加工、组立、分段等阶段。

2. 相关因素

按照上述四个特征划分的中间产品并不一定就是最理想的，一个合理的中间产品还必须具有较高的生产价值（PV），它是与生产周期（T）、生产资源（N）和作业环境（Q）这三个因素密切相关的。

（1）生产周期

生产周期是产品从开始生产到交货所用的作业时间。最理想的中间产品的生产周期应该等于准时化生产要求的最短交货时间，即生产节拍。如果产品的生产周期小于其生产节拍，则会造成生产过剩，产生大量的库存堆压；如果产品的生产周期大于其生产节拍，则会造成生产不足，工程进度会受到影响。

（2）生产资源

中间产品在建造过程中会消耗各种劳动力、物料、设备和场地等资源，合理的中间产品在生产过程中应尽可能少地消耗资源，这样才能提高生产价值。

（3）作业环境

中间产品在划分时应该考虑劳动者作业的环境，尽量避免狭小空间作业、仰焊作业等。一个好的作业环境，是作业安全、作业质量以及作业效率的保证，是提高生产价值的重要因素。

1.2.5　中间产品的重要意义

"中间产品"是现代造船模式定义中提及的一个重要因素，实际上它是生产设计、工艺流程设计的基本载体，是最终产品——船——的组成部分。强调中间产品概念的重要意义不仅在于按产品的要求组织高效的专业化生产，还在于中间产品具有明确的结构界面和技术指标界面、明确的作业任务、唯一的责任主体以及严格的计划节点等特点。它的重要意义体现在以下几点。

1. 中间产品是实现壳、舾、涂一体化作业的物理载体

壳、舾、涂一体化作业在客观上需要造船企业树立"以船体为基础、以舾装为重心、以涂装为中心"的设计和管理思想，体现了以中间产品为物理载体的壳、舾、涂等各工种的集成，进而创造出成品化的中间产品。

2. 中间产品是实现设计、生产、管理一体化的物理载体

设计、采购、生产计划与控制等方面都必须围绕"中间产品"进行施工、协调和配合。在造船生产中要重点根据中间产品的差异，分区域、分阶段对产品作业任务进行分解，使生产设计图纸不仅作为技术图纸，还作为施工和生产管理的主要依据。

3. 中间产品是实现船体分道建造的单元

中间产品遵循分类成组原理，组成若干个合理的生产单元，根据工期的具体要求，维持合理的生产节拍进行作业，是每个制造级的物理形态。

4. 中间产品是实现总装化造船的基本模块

中间产品是实现总装化造船的基本模块,要实现总装化造船,必须为其提供成品化的中间产品,即具有成品化的中间产品是总装化造船的充分和必要条件。

5. 中间产品能够提高产品质量、改善生产条件

以船体分段为例,合理的建造方法可以将大部分焊接工位设计为平焊,减少立焊和仰焊,能有效地保证焊接质量;可以将高空作业设计为低空作业,使施工更加方便、安全,改善了生产条件。

1.3 基于船舶中间产品的体系架构

因作业类型、作业区域存在较大区别,将中间产品生产过程按照船体、舾装、涂装分离,形成三大分道作业生产线,确定各作业线各阶段的中间产品形态。

1.3.1 船体分道作业中间产品

从钢板、型材备料到总段制作过程,按照生产特征可将船体建造任务分成生产准备、下料加工、小组、中组、大组、总组六个阶段进行,进而形成了六个阶段对应的六种形态的中间产品。

1. 生产准备

生产准备阶段是对采购回的钢板、型材等原材料按照下料加工的批次进行集配,这一阶段对应的中间产品是生产批次所需的钢板、型材托盘,这是最简单的中间产品,也是船舶制造过程中不能进一步细分的中间产品。

2. 下料加工

下料加工阶段是按批次进行钢板、型材零件的切割,切割完成后按分段对零件集配,送至下个工位对零件进行加工,在此阶段的中间产品是按分段形成的各种零件托盘。

3. 小组

小组阶段是按分段将两个或两个以上的零件装配、焊接成各种组件,这一阶段的中间产品是按分段集配的各类组件托盘。

4. 中组

中组阶段是按分段将两个或两个以上组件及零件装配、焊接成部件,这一阶段的中间产品是各类部件或者按照分段集配的部件托盘。

5. 大组

大组阶段是将之前生产的各零件、组件、部件等中间产品组合成分段,这一阶段的中间产品是分段。

6. 总组

总组阶段是将附近的几个分段装配、焊接在一起,形成一个总段,这一阶段的中间产品是总段。

船体分道作业各阶段中间产品如图 1-1 所示。

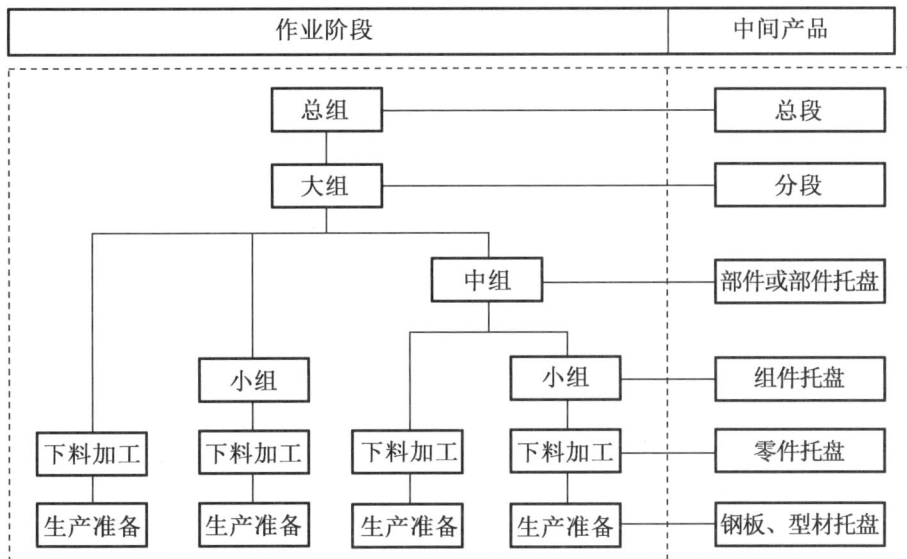

图1-1　船体分道作业各阶段中间产品

1.3.2　区域舾装作业中间产品

区域舾装作业是船体分道作业实施的必然结果,其作业阶段的划分可以依附于船体作业阶段的划分。对于某一个总段中间产品而言,其所有舾装作业可以细分为舾装件制作集配、单元舾装、分段舾装和总段舾装四个阶段,并形成各作业阶段对应的中间产品。

1. 舾装件制作集配

舾装件制作集配阶段是制作各种管子、铁/电舾件等,并以托盘的形式集配,这一阶段的中间产品是按分段集配的各类舾装件托盘。

2. 单元舾装

单元舾装是将采购与制作的管子、铁/电舾件等予以预先组装,与船体分段生产同时进行,这一阶段的中间产品为舾装单元或按分段集配的舾装单元托盘。

3. 分段舾装

分段舾装是在船体分段制作完成后进行总组之前,将还未安装在该分段上的管子、铁/电舾件、设备或单元等安装到该分段上并进行调试作业,这一阶段的中间产品是分段。

4. 总段舾装

总段舾装是将属于该总段的各类舾装件和单元设备安装到该总段上,这一阶段对应的中间产品是总段。

区域舾装作业各阶段中间产品如图1-2所示。

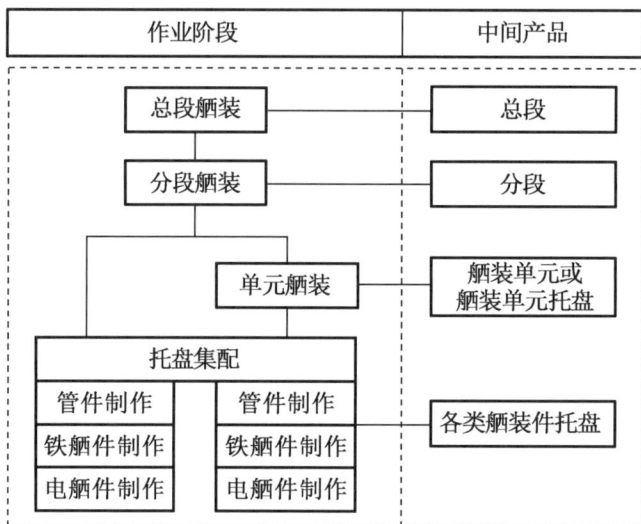

图 1-2 区域舾装作业各阶段中间产品

1.3.3 区域涂装作业中间产品

区域涂装是船体分道和区域舾装的自然延伸,伴随着船体中间产品和舾装中间产品作业而产生。按照船体建造和舾装作业分解模式,可将涂装中间产品作业分解为钢板型材预处理、分段涂装和总段涂装三个阶段,全程伴随跟踪补涂。

1. 钢板型材预处理

钢板型材预处理是在预处理流水线上进行的,对钢板型材进行打磨并喷涂车间底漆,这一阶段的中间产品与船体分道作业生产准备阶段相同。

2. 分段涂装

分段涂装一般在分段涂装车间进行,对分段表面进行清理喷涂底漆和舾装件的喷涂,这一阶段的中间产品为分段。

3. 总段涂装

总段涂装是对已完成舾装安装作业的分段进行总组缝和舱室的涂装作业,这一阶段的中间产品是总段。

区域涂装作业各阶段中间产品如图 1-3 所示。

基于船舶中间产品的体系架构的建设将依托智能制造方面的经验和现有技术,构建从设计、计划、工艺、制造到管理的全面解决方案,打通信息孤岛,全面提升企业创新能力、制造能力和管理能力。

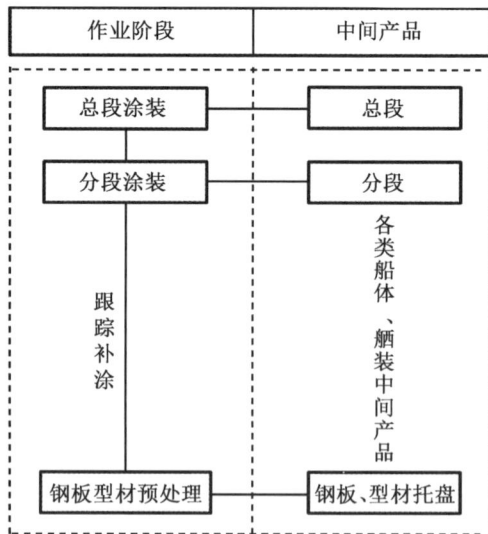

图 1-3 区域涂装作业各阶段中间产品

1.4 船舶中间产品智能生产线的总体要求

1.4.1 船舶中间产品智能生产线的作业流程

船舶建造过程中以船体建造为主线,从钢板、型材、下料切割到分段、总段逐级组织生产作业;以舾装件和管子的制作为建造辅线,将自制和外购的各舾装件以托盘的形式集配到船体建造相应的制造级中。涂装是自建造开始贯穿船舶建造所有制造级的又一建造辅线,从钢材预处理开始,全程跟踪补涂直到码头涂装结束。经过这样一个分解过程,就形成了以中间产品为导向的空间分道、时间有序的船体舾装、涂装一体化生产作业线。现代造船生产作业主流程如图1-4所示。

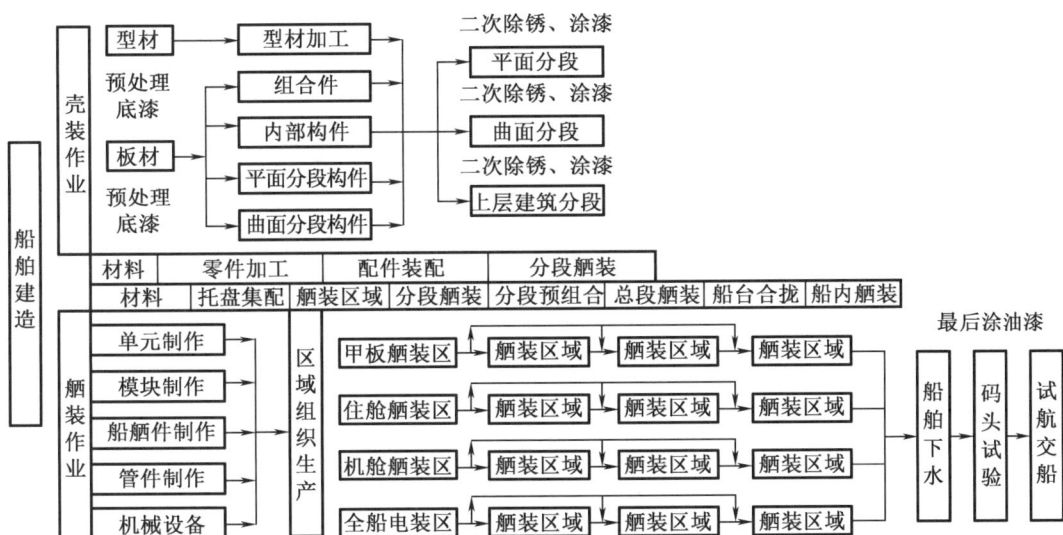

图 1-4 现代造船生产作业主流程

在工艺流程上,将其划分为制造数据准备层、优化与执行层、网络与自动化层,且基础平台(具有流程管理、数据管理、数据集成、设备集成功能)及使能技术(大数据技术、智能决策技术、工业物联网技术)始终贯穿其中。

1.4.2 船舶中间产品智能生产线的设计原则

船舶中间产品虽然有数万甚至十几万件,但相同或相似的很多,可以利用成组技术,按中间产品的结构形式特点、加工工艺方法分类成组,进行大批量生产。船舶中间产品大量生产方式是在充分利用设备、人员、资源的基础上,以一定的速度进行连续生产作业,可以大幅度提高生产效率。船舶中间产品智能生产线的设计需满足以下条件:

(1)采用基于现代造船模式的生产线模式,结合精益制造、柔性制造、并行工程等先进技术,对生产线进行优化重组,使生产线更加均衡有序,实现生产过程中的数字化流程驱动和数据管理共享。

（2）对生产过程(包括设计、制造、加工、测试、物流管理等)进行数字化模拟仿真,建立生产线网络系统,在主要加工设备上设置网络节点,以便实时对质量进行监测和控制,同时也方便现场数据采集反馈。

（3）利用数字化手段对船舶进行设计、制造、管理,以数字量来进行生产组织管理与控制。一切数据及信息都是数字化的,无论是生产计划还是成本管理等,都以代码的形式在计算机及网络上储存及传递,并利用分析处理系统进行加工、分析及综合应用。

（4）具备保证数字化生产线正常运行的数字化生产加工设备、生产辅助设备、生产工艺、生产计划、制造资源等,建立产品流转、生产线运行仿真、生产线控制、质量控制为一体的管理系统。

1.5　船舶中间产品智能生产线的技术方案

1.5.1　船舶中间产品智能生产线的集成需求分析

船舶设计、生产、管理等异构信息的集成包括一系列辅助制造的工艺方法、规范标准、技术及软硬件产品等。为了保证生产信息的高效流通,实现船舶中间产品智能生产线的柔性、均衡及精益生产,数字化生产线以数字化技术为手段,以生产信息、数据库结构、数据交换接口、数据流通等方面的规范标准为依据,对船舶建造各阶段、各系统进行集成,实现数据在各生产系统间高效、有序地流动。

通过研究船舶中间产品智能生产线的制造数据准备层、优化与执行层、网络及自动化层各层级以及各层内所包含系统的特点,利用信息技术和信息编码标准技术建立信息系统模型、信息集成体系和信息交换体系,使信息能够在各阶层之间高效流通,实现整个生产过程的信息资源共享,提高船舶建造效率,缩短造船周期。

船舶中间产品智能生产线以计算机网络技术和虚拟制造系统原理为基础,模拟实现船舶建造全生命周期的建造、装配、涂装、舾装、检验等各个阶段的功能,并以高效、均衡、合理为生产目标,优化完善生产准备阶段制定的设计、生产计划、工艺等,在设计和实际生产间建立起沟通的桥梁,使得实际生产中可能产生的问题得以提前解决,从而减少实际生产中的冲突,提高生产效率,缩短建造周期,降低成本。

1.5.2　船舶中间产品智能生产线的总体架构

根据前文所述船舶中间产品智能生产线作业流程,船舶中间产品智能生产线架构方案如图1-5所示。

船舶中间产品智能生产线智能制造体系包含三个核心层:制造数据准备层、优化与执行层、网络与自动化层。三层之间通过基础平台实现基础数据的一致性管理、各层级系统间数据集成及设备自动化集成,通过智能分析平台实现分析和监控来自运营、生产和设备层级的问题。智能制造体系把大数据、智能决策及工业物联网等先进技术作用于企业价值链上的不同流程中,支持实时智能化船舶中间产品生产线运转。

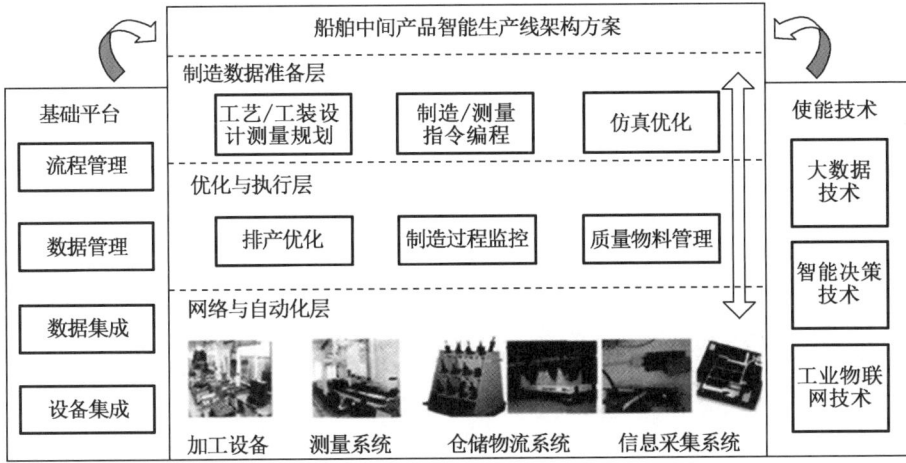

图1-5　船舶中间产品智能生产线架构方案

1.5.3　大数据与智能决策

决策是管理的核心,科学决策是现代企业管理的核心。企业决策关系到企业运营的盈亏、兴衰、生死。智能决策就是利用电脑帮助或替代人脑对未来做出最优判断。智能决策是当下新技术革命中必须研究发展的重要领域。

信息物理系统(CPS)能够实现车间的设备状态感知以及控制层的数据与企业信息管理系统的融合,使得生产数据可以实时存储、传输、分享。智能决策就是一个控制系统,它必须实时感知系统的现状,由此对各种变化做出积极响应。信息物理系统恰恰支持了智能决策系统对现场反馈和控制的需求,控制由底层逐层反映到高层,最终实现整体的实时优化。

大数据与云平台将会是物联网领域的"大脑",大数据将改变船舶制造企业的运作模式。大数据可能带来的巨大价值正在被传统产业认可,它通过技术创新与发展,以及数据的全面感知、收集、分析、共享,为企业管理者和参与者呈现出看待制造业价值链的全新视角。大数据对船舶中间产品智能生产线的意义如下:

1.实现智能生产

在船舶中间产品智能制造中,通过信息物理系统实现工厂/车间的设备传感以及控制层数据与企业信息系统的融合,使得生产大数据传到云计算数据中心进行存储、分析,形成决策并反过来指导生产。过去,在设备运行过程中,其自然磨损本身会使产品的品质发生一定的变化。而由于信息技术、物联网技术的发展,现在可以通过传感技术实时感知数据,使得生产过程中的关键因素能够被精确控制,真正实现生产智能化。因此,在一定程度上,生产线上的传感器所产生的大数据直接决定了"工业4.0"所要求的智能化设备的智能水平。

此外,从生产能耗角度看,设备生产过程中利用传感器集中监控所有的生产流程,能够发现能耗的异常或峰值情况,由此能够在生产过程中不断实时优化能源消耗。同时,对所有流程的大数据进行分析,也会整体上大幅降低生产能耗。

2. 实现大规模定制

大数据是制造业智能化的基础,其在制造业大规模定制中的应用包括数据采集、数据管理、订单管理、智能化制造、定制平台等,核心是定制平台。定制数据达到一定的数量级,就可以实现大数据应用。通过对大数据的挖掘,可以实现流行预测、精准匹配、时尚管理、社交应用、营销推送等更多的功能。同时,大数据能够帮助制造业企业提升营销的针对性,降低物流和存储的成本,降低生产资源投入的风险。

利用这些大数据进行分析,将带来仓储、配送、销售效率的大幅提升和成本的大幅下降,并将极大地减少库存,优化供应链。同时,利用销售数据、产品的传感器数据和供应商数据库的数据等大数据,制造业企业可以准确地预测全球不同市场区域的船舶需求。

利用大数据可以实现船舶定制化需求,由于复杂船舶应用场景及客户需求,每个产品定制化程度高,加上需求不断变化,就构成了产品需求的大数据。客户与制造业企业之间的交互和交易行为也将产生大量数据,挖掘和分析这些消费者动态数据,能够帮助客户参与到产品的需求分析和设计等创新活动中来,为产品创新做出贡献。制造业企业对这些数据进行处理后,再传递给智能设备进行数据挖掘、设备调整及原材料准备等步骤,才能生产出符合个性化需求的产品。

1.5.4 基础数据平台

船舶中间产品智能化生产线的高效运作离不开数字化生产线信息管理集成技术对生产各阶段(设计、计划、制造、资源、物流)、生产线上各系统进行集成,因此要建立数字化信息交互平台,以保证数据信息的高效流动,从而实现生产线的均衡生产。基础数据平台包括产品数据管理(PDM)技术、信息交换技术、集成应用平台等核心技术。

1. 产品数据管理技术

产品数据管理技术管理一切与产品有关的数据信息,利用各种应用技术将信息孤岛集成起来,再利用先进信息管理手段对产生的大量数据进行统一管理与控制,以支持生产线的生产活动。

在船舶生产中,生产信息往往由不同的系统生成和使用,为了不产生信息孤岛,使生产信息的交换保持完整性和一致性,信息交换技术利用数据与中间文件的格式转换技术,设置生产线上各系统允许的交换方式,通过信息的匹配与筛选,达到信息交换的目的。

2. 集成应用平台

集成应用平台为各应用系统提供基础平台支撑,包括安全管控、构件服务、企业总线(EDB)、报表、编码、流程引擎等应用支撑组件,为上层业务应用系统提供统一的开发运行环境;集中的用户管理、用户映射、角色授权、工作流定义、环境配置等,能够简化各系统对用户、角色、授权、流程定义等基础能力的需求,确保系统能够在用户交互方面具有一致的用户体验。

集成应用平台包括应用配置、工作流管理、系统管理、用户权限和报表中心等。

(1)应用配置

应用配置为应用系统提供统一、灵活的配置环境,增强应用系统的健壮性、扩展性和灵活性。其主要提供元数据、枚举字典、引用字典、菜单管理、编码规则和预警事件等管理功能。

（2）工作流管理

工作流管理可实现业务单据或公文的申请、审批、会签、登记、操作等环节的管理,可记录协同工作的过程,便于日后查询。其内容包括流程设计、新建工作、待办工作、工作查询、工作监控、工作委托和工作回撤模块。

（3）系统管理

为保障系统应用的安全、高效运行,系统管理提供部门信息维护、安全策略维护、安全审核和系统日志等功能。

①部门信息维护

系统管理员维护部门的基本信息,可以进行浏览、增加、删除和修改等操作。

②安全策略维护

系统管理员可以定义系统的安全策略。安全策略中,可以规定用户密码的最小长度、是否必须使用高强度密码、是否启用密码定期失效机制、密码失效周期、缺省密码、允许连续登录失败次数、超出失败登录次数后限制等待时长、是否允许同时在多台机器上登录、是否启用 IP 绑定登录策略、是否启用安全审核等。

③安全审核

系统启用安全审核策略后,系统管理员做出的系统安全项变更需要系统审核员审核后才能生效。审核员可以查看变更记录,进行审核操作。审核前根据需要查看变更前后的变化对比。如果不同意变更,审核员可以删除变更记录。系统管理员在提交变更记录后,也可以自行删除变更记录,删除后系统不发生任何变更。变更记录按照时间倒序显示在列表中。

④系统日志

系统将用户日常进行的业务操作记入日志,同时记录系统运行过程中发生的各种异常信息。系统管理员可以浏览、查询、导出系统日志。日志浏览默认按照时间倒序显示,不可人为删除,由系统定期清除,系统管理员可以定义日志记录保留的时长。

（4）用户权限

系统提供了用户权限分级管理的功能,权限级别为管理员和操作工人。用户不能超越授予的权限进行操作,来对历史用户登录信息进行记录。

①用户管理

系统管理员维护用户基本信息,可以进行浏览、查询、增加、删除、修改和重置密码操作。当用户忘记密码时,可以将选定用户的密码重置为缺省密码。

②角色管理

角色用于区分职责不同的用户,将用户划分为不同的角色,便于按照角色进行统一授权。系统管理员可以维护角色基本信息,进行浏览、查询、增加、删除、修改等基本操作,同时可以将角色分配到指定部门,或为用户分配角色。

③授权管理

管理员可以同时将多个权限授予某个角色,授权后,属于该角色的用户自动继承角色权限。

（5）报表中心

系统在装配过程中涉及各式各样的固定性报表,也存在上级需要的临时性报表。系统提供报表制作中心,用户能根据需要生成自定义报表,通过与数据库元数据进行关联配置,实现各种报表的正常数据获取、显示和打印功能。

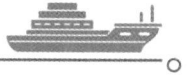

1.5.5　制造数据准备层

目前,船舶企业生产计划的管理主要以设计图纸和过往的建造经验为基础,没有可依据的标准,缺乏科学性。计划部门与现场部门之间缺乏沟通,无法详细了解计划的进度、资源的调配、设计的合理性、施工的问题等情况,不能及时有效地根据实际情况更新调整计划,无法保证建造资源和人员设备安排的合理性,容易使整个建造计划延期。制造数据准备层主要从全船建造的角度对生产计划节点进行分析,规范计划的编制管理流程,提高计划的科学性和可行性。并辅以大数据技术与智能决策技术,实现资源的最佳配置、生产计划的编制调整、生产作业的管理、现场生产的调整等,保证企业生产线高效运行。

1. 生产计划管理

(1) 生产计划定制

在船舶中间产品智能生产线中,制造数据准备层是整个工艺流程开始的阶段,应对本次加工流程进行统一规划,确定项目计划、工装工艺规划。制造数据准备层流程如图 1-6 所示。

图 1-6　制造数据准备层流程图

先行计划是船舶生产计划的重要组成部分,包括从钢板预处理到船台搭载的所有阶段,先行计划的合理性将决定后续船舶的组织生产。先行计划的编制采用倒序手段,对船舶按区域建造进行工程分解,估算各工程作业的标准周期,再结合标准周期、搭载计划、先行作业内容、工厂实际生产能力以及交船节点等因素,以分段搭载为起点,按一定的计算方法逐步推算出前道主要工序的标准物量,形成初步计划,然后对各工序的生产能力进行估算,最终确定先行计划。

（2）计划动态控制技术

受各种随机因素的影响,船舶实际生产往往会发生动态偏差,计划动态技术通过对实际数据进行实时收集,比较分析实际生产进度与计划的偏差,提出调整控制措施,对各建造阶段进行工时、物量控制,使生产进度与计划合拍。

2. 数字化工艺

产品数字化制造与工艺集成即利用先进数字化技术建立工艺制造数据库,根据实际生产需要,对资源信息、工艺信息和物流信息进行分析重组,实现对数字化制造与工艺的集成,进而提高生产线的应对能力。

（1）工艺数据结构化

数字化工艺需要建立企业统一数据管理平台,管理结构化产品、工艺、资源和工厂数据,建立数据之间的关联;并构建企业资源库,提高工艺数据、设备、工装、工艺模板、工艺知识等数据的查询和利用效率。

将目前存在的工艺内容,通过结构化的形式保存在系统中,具体方式是:在总工艺下建立零件所需要的工艺对象,比如管件加工下料工艺、弯管工艺、焊接工艺等,在工艺中建立工序,在工序下添加工装、辅料等物料对象。工艺、工序与车间的工作中心（工位）关联。

结构化的工艺数据在集成管理平台上,按照工艺集、工序、工步的关联方式管理,具体的设备、工艺资源数据和加工指令等关联到具体工序或者工步上统一管理,以便于查找,如图1-7所示。

（2）工艺管理

对复杂装配工艺,可以通过设计物料清单（EBOM）关联的制造物料清单（MBOM）编制装配工艺,装配件与工序对应,实现按工序配料。

基于产品模型在可视化的数字环境中编制装配工艺,检验产品、工装和装配工艺的正确性,提高装配的一次成功率,减少现场更改,并建立3D可视化工艺表现形式,明确和规范操作过程。

在装配工艺编制过程中,可随时将工艺数据发送到工艺仿真环境。在三维的虚拟制造环境中验证和评价装配制造过程和装配制造方法。评价装配的工装、设备、人员等因素影响下的装配工艺和装配方法,检验装配过程是否存在错误,零件装配时是否存在碰撞。如有问题可直接在装配仿真环境中进行调整,结果会反馈到工艺编制环境中更新原工艺数据。并且仿真过程可记录为动画文件,随工艺数据下发车间。

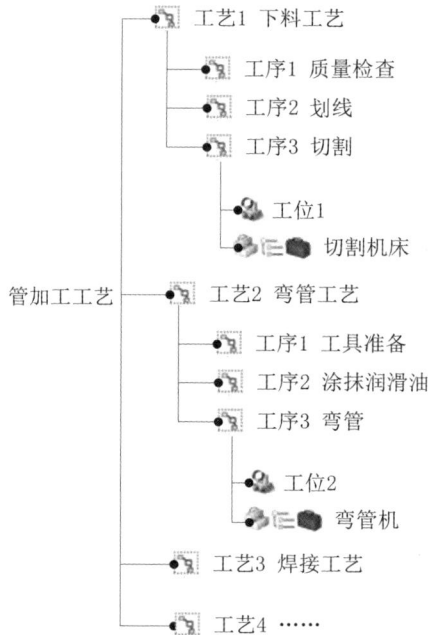

图 1-7　结构化工艺数据管理示意图

（3）工艺匹配及下发

【工艺匹配】　工艺部门需要根据系统中已经存在的工艺路线，进行工艺自动匹配，如若存在新工艺，则在系统中搭建新的工艺清单（BOP）结构，如图 1-8 所示。

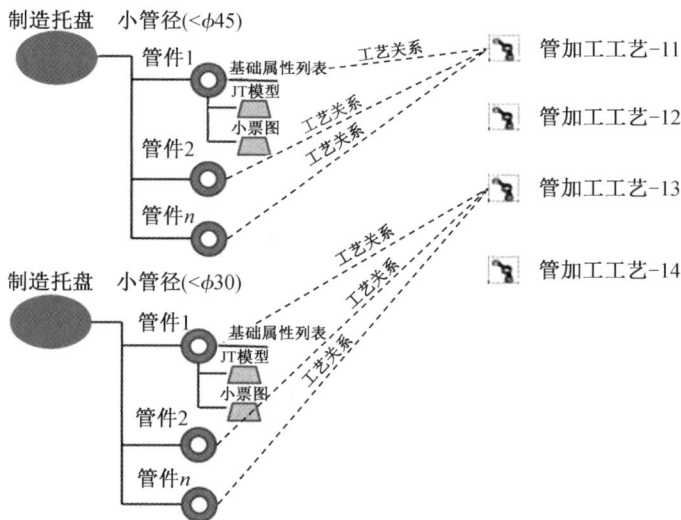

图 1-8　工艺匹配示意图

【物资匹配】　工艺部门需要根据管件的规格型号，为管件匹配物资代码。系统会自动根据管件的属性信息和预先制定的规则进行默认指派，用户只需要手动进行调整即可，如

图 1-9 所示。

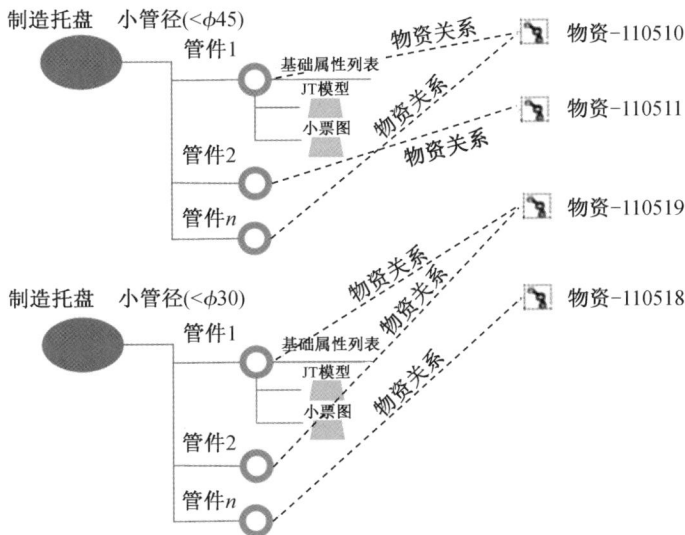

图 1-9　物资匹配示意图

【表面处理方式选择】　工艺部门需要根据管件的规格型号,为管件选择表面处理方式。系统会自动根据管件的属性信息和预先制定的规则进行默认指派,用户只需要手动进行调整即可,如图 1-10 所示。

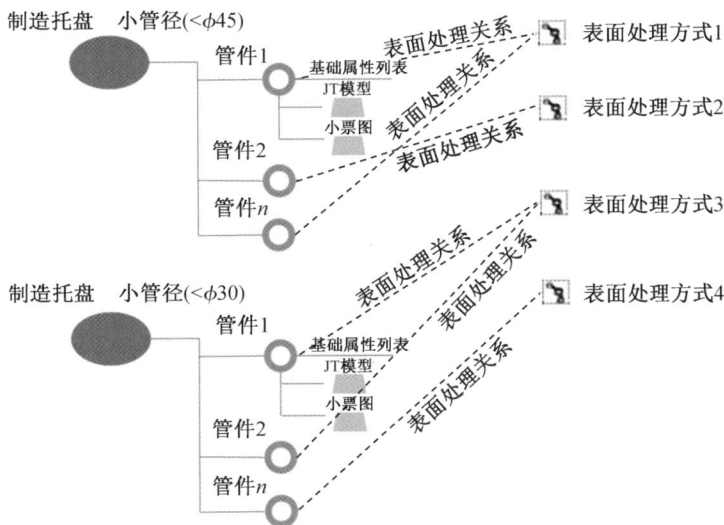

图 1-10　表面处理方式选择示意图

工艺匹配完成以后,产品生命周期管理(PLM)系统需要将数据下发,支持管件生产:将制造信息反馈给企业信息空间工程(EISE)系统,EISE 根据物料情况、生产情况等进行排产,下发加工任务包。

（4）工艺模板

工艺模板包括各工艺模板、各加工模板、各检验模板、工艺参数等。工艺模板是提高工艺设计效率的主要途径，最重要的是其可以将工人的加工经验进行知识积累，为企业知识库的搭建提供工艺技术支撑。系统具有工艺模板库的定制、查找和借用等功能。

典型工艺设计模板的应用，极大地缩短了员工培训时间，提高了新员工的工作效率和质量。由于有模板可以参考，对员工经验的依赖程度减小，新员工经过简单的培训，就可以在系统中进行工艺设计工作。因此，典型工艺设计模板的应用，极大地提高了企业的工艺文件标准化程度。

（5）工艺下车间

系统通过出版的功能生成产品生产的工艺过程卡，过程卡的生成可以根据不同的模板来实现，如图 1-11 所示。

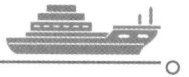

图 1-11　工艺过程卡示意图

①输出的工艺过程卡是基于 3D 的工艺视图，包括管件信息、工艺、工序、工装、设备、技术要求等信息。

②能够支持对 3D 模型进行旋转、剖切、缩放、测量等操作，并可以添加查询、标注、文字说明等。

③通过设备互联，指令下发到车间，驱动设备自动切割加工。

生成的工艺过程卡可以通过车间看板的方式发布到车间，在车间中可以直接浏览制造托盘、工艺过程、三维模型等信息，指导车间工人的生产，真正实现车间无纸化加工。

3. 仿真系统

建模仿真技术是 20 世纪 90 年代在制造业中迅速发展起来的新兴技术。数字化生产线的建模仿真技术，其核心就是利用计算机建模仿真，在真实生产前就对设计、工艺、计划、生产等全生命周期的各个方面进行观察、预测、评估、反馈,从而减少实际生产时的错误,优化真实制造流程,增强决策者对整个产品制造过程的决策和控制能力。船舶数字化生产线仿真模型如图 1-12 所示。

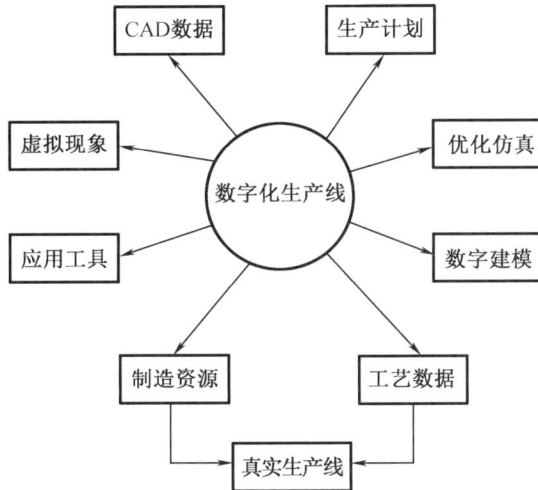

图 1-12 船舶数字化生产线仿真模型

仿真系统通过对真实生产线的制造资源和工艺数据进行分析,建立生产线的仿真模型,并以 CAD 数据、生产计划作为输入,通过仿真软件进行生产过程的模拟,对生产计划、工位布局、生产线性能等进行评估。

依托三维建模技术建立车间的整体三维模型,并与企业信息空间系统、设备采集系统、智能生产线控制系统深度集成,将获取到的大量实时运行数据进行结构化处理,通过虚拟现实技术,将真实产品的加工过程数据以三维模型的方式在管控中心大屏幕上集中、直观、动态地展示出来。通过车间漫游和生产线漫游,实现不进入生产车间现场就可以直观地了解车间的生产线布局及设备运行情况,为车间管理者提供可视化的车间浏览方式;通过与设备采集系统、加工设备系统集成,实时获取设备的运行状态,并以设备底座颜色的方式直观展示设备的运行状态,同时可以以柱状图方式展示设备的实时运行状态,不需要设备管理员去车间对设备进行逐个检查,就可以了解设备的运行情况,节约了人力成本;并且当某个设备出现故障时,可以快速定位到该故障设备,提早发现,一定程度上降低了设备故障对生产进度造成的影响;通过设备检索,可以快速拉近视角到指定设备,近距离查看当前设备的加工情况。

(1)生产计划评估

仿真系统可以对生产计划进行评估,包括:完成此计划需要的工时数;找出此计划的瓶颈工序和瓶颈设备;给出加工设备和搬运设备的负荷情况;通过参数设置模拟设备故障、天车故障等条件对产能的影响。改善生产计划中不合理的地方,保证最终制定的生产计划具有可行性与准确性,能够最大化地发挥生产能力。

（2）设备效率与瓶颈工位分析

设备效率是指机器实际运转时间与全部工作时间之比。它是生产线的一个重要指标，设备效率并非越高越好，因为运转率高意味着很小的剩余能力，而剩余能力过小，会导致后序工位拥堵，形成较长的等待时间，并降低生产效率。瓶颈工位是指可用能力小于或等于需求能力的工位。

将生产作业计划导入模型中运行，利用软件自带统计模块或编写仿真语言统计各设备的运行时间、等待时间、阻塞时间、故障时间，计算出运行时间占总时间的百分比，绘制工位运转率表，分析找出瓶颈工位，并对其进行生产节拍调整，改善作业计划，使生产线的生产更均衡，效率更高。

（3）检测资源负荷情况

资源负荷的实时检测包括物流负荷检测、劳动力负荷检测、设备负荷检测、场地负荷检测等，通过对资源负荷情况的实时检测，可以使生产人员及时地了解生产线各工位的生产资源利用率情况，为优化生产线资源配置提供依据，使生产线资源分布趋于均衡。

（4）评估生产线能力

生产线在一段时间内（每天、每周等）能够生产出多少产品（零部件、组立、分段等）是生产决策者最为关注的。通过生产线仿真模拟系统，将生产计划以既定顺序输入仿真模型中，再对各产品输出量进行统计，分析各产品输出量的时间顺序变化，为决策者提供在不同批量、不同排班、不同设备安排等情况下，产品的不同产出时间表，为决策评估生产线的能力提供数据参考，进而更好地优化作业计划，挖掘生产潜能。

1.5.6 优化与执行层

目前，传统的船舶中间加工车间，加工质量监测、生产线状态监测均由人工完成，效率低下，反应速度较慢，也是对人力资源的浪费。优化与执行层是船舶智能中间产品数字化车间的重要组成部分，具有排产优化、制造过程监控和质量物料管理的功能。

在生产过程中，优化与执行层同使能技术相结合，智能分配生产线资源，跟踪监控产品的生产过程，在各个阶段采集管理质量数据，对生产状况能够自动反应，相比人工可以更好地管理生产线状态。

1. 排产优化

优化与执行层可以按任务分配项目资源，查询并维护团队成员的职能，浏览跨项目用户的任务分配，查看项目资源的图形表示，进行工作载荷的管理；提供追踪链接功能，允许在时间表、任务对象和零组件等对象之间建立追踪链接。为追踪链接的对象添加追踪标识，追踪链接在项目、计划任务与工作对象之间建立了可视关联关系。

使用仿真系统，通过对生产计划的仿真，以可视化图表的方式展示产能仿真的结果，可以方便地查看该计划的设备瓶颈、工序瓶颈等；通过对设备瓶颈、工序瓶颈的分析，可以为管理者优化车间布局、为设备及工艺提供数据基础；通过对生产计划的仿真，可以根据仿真后的结果进行生产计划的优化，按照优化后的计划重新进行仿真，使车间编制的生产计划越来越接近仿真优化后的生产计划，提高生产管理水平。

2. 自动化控制技术

自动化控制技术是以集成电路为中心的微电子技术在船舶制造业上的应用,它不再需要人力来进行观测和控制,利用计算机就能对船舶生产线进行监测、判断、控制、反馈等,使生产线能够对当前的生产情况进行反应。

3. 制造过程监控

制造过程监控是指使用大数据技术,对之前生产计划的实际生产情况进行分析,以遗传算法、粒子群算法优化排产情况;并结合工业物联网技术,集成各个工位的设备与生产信息,统一进行数据管理,预测加工时间,对项目进度进行监控与调整。

在项目任务分解过程中,支持任务之间的链接关系,项目计划调整时,设置了相关性的后继任务可以自动调整,并且对于设置为不能改动时间的任务,要报警提示;提供基线管理,能记录计划调整的不同状态基线,并可以进行追踪和比较。

设备功效分析技术主要针对船舶生产中的各种设备,利用数字化手段对生产设备进行实时监测管理,分析设备的能力,预测设备发生故障的可能性,及时更换设备,保证船舶建造的有序进行,提高生产线的整体生产能力。

实时跟踪分析各设备的故障率、利用率、生产效率等数据,进行智能决策,合理利用工位,并将设备的故障率、利用率、生产效率等数据收集起来作为大数据技术的基本数据。以下料设备为例,使用下料设备利用率图(图 1-13)展示当前任务中下料工序的所有下料设备(包括 3 台卧式带锯机、2 台相贯线切割机)的运行状态。在仿真程序运行中,可以通过柱状图的变化,实时掌握各设备的运行状态。

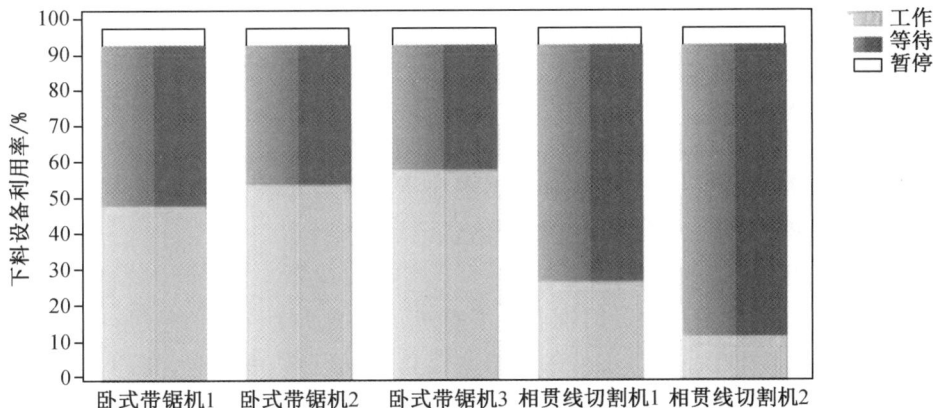

图 1-13　下料设备利用率图

4. 质量数据采集与管理

从设备联网和数据采集系统读取产品装配过程中采集的检测数据,并自动与产品装配检测标准库相应标准阈值进行匹配、核对,生成检测结果,进行不合格品管理,实现产品装配质量标准、检测数据的获取、汇总、统计和分析,以及产品质量信息的跟踪和追溯功能。

质量数据采集管理包括产品检测标准信息库、物料追溯、质量数据管理、不合格产品管理、产品质量信息跟踪和追溯、产品质量信息汇总统计等功能模块。

（1）产品检测标准信息库

系统在对每道检验工序进行检验的同时，需根据检验结果调取相应的检测标准信息做对比，以便系统能够自动判断出被检验的过程产品是否符合相关的生产工艺要求。检测标准涉及所需零部件的规格、型号等本体属性参数，以及所对应物料的规格、型号、数量、尺寸、质量、高度、距离等标准数据信息。

（2）物料追溯

所需物料领取后，质量数据自动保存到系统中，并与检测标准库信息进行对比，系统自动计算所需配重的数据，显示在工位一体机和车间装配区域的大屏上，指导装配过程。

（3）质量数据管理

中间产品生产过程中，实时检测加工中的质量信息并保存到数据库中，显示在工位一体机和车间装配区域的大屏上，指导装配过程；当检测到质量异常后，自动报警并停止作业。

（4）不合格产品管理

系统自动将不合格产品进行分类汇总，在相应的工位机上显示不合格产品的相关信息，及时提醒当班工人进行返修，若返修成功则将产品放回上一道工序重新检测，否则进行产品报废处理。当班工人将系统中对应的报废品标记为"报废"。

（5）产品质量信息跟踪和追溯

在产品生产过程中，各级用户根据自身权限能够搜索产品各个环节的质量数据信息，按照用户自定义的搜索条件，系统自动将所有与其相关的数据信息完整地展示在用户面前。

在产品装箱入库后，用户能够根据生产过程中系统生成产品及其各类零部件的编号、检测数据、物料名称、规格型号等筛选条件，准确定位相关产品的历史质量数据信息，便于在产品发生质量问题后，对产品生产环节出现的问题进行精准定位，分析问题原因，为今后避免发生类似问题提供数据支撑。

系统支持所有查询结果导出功能，并根据客户实际需求自动生成生产过程中所需的各种格式的报表、装配检验单、交验记录卡片等信息记录。

（6）产品质量信息汇总统计

系统能够根据各级用户权限分门别类地汇总统计各类质量管理信息，形成统计报表供用户分析决策，包括各类产品及零部件的合格率信息、返修合格率信息，车间、生产线、人员的质量管理统计信息以及各类用户自定义报表信息。

1.5.7 网络与自动化层

网络与自动化层包括加工设备、测量系统、仓储物流系统和信息采集系统。其结构如图1-14所示。采用工业物联网技术将各设备集成到基础平台上。

1. 分散式集成控制技术

智能生产线采用嵌入式控制技术对生产线多台装备进行工业组网，通过网络接口方式进行信息交互,实现"分散控制、集中监控"的控制模式。

系统网络结构可分为三个层次:第一层为设备层网络,采用标准的现场总线网采集输送设备的各种运行信号与故障信号,并上传至第二层(即控制层网络)的 PLC 控制器进行信息处理;第二层采用适合工业环境下标准的工业以太网对设备层网络信息进行监控与处理,并上传至第三层(即车间管理监控层网络);第三层采用标准的以太网,一端与控制层网络相连,另一端与车间管理网络相连,实现了设备信息与车间管理信息的有效对接,确保了设备系统能够按照车间管理要求自动化运行,也确保了车间能够实时监控设备系统运行状况。

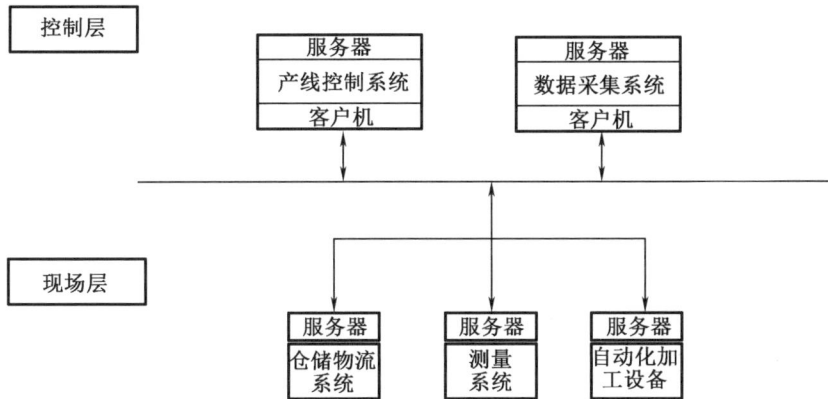

图 1-14　网络与自动化层结构图

2. 智造单元

为了实现船舶智能生产线的高效率运转,基本加工单元必须实现模块化、自动化和信息化。但传统的解决方法往往是各种设备的叠加组合,缺少一体化设计,尤其是软件、硬件的一体化设计,而这正是智造单元要解决的问题。船舶中间产品加工智造单元的通用要求如下:

(1)具备完善的档案信息,包括编号、名称及参数的数字化描述;

(2)具备通信接口,能够与其他设备、装置以及现场层实现信息互通,并实时显示设备的工作参数;

(3)能够实时监控设备自身运行状态,具备数据分析处理能力,并对错误状态进行报警。

智造单元基于其产品属性与结构,在产品端具备"四化"的特征:结构模块化、数据输出标准化、场景异构柔性化、软硬件一体化。这就使得用户端可以通过用得了、用得起的方式,建立适合自己的柔性化、智能化生产线。

目前船舶现场有许多老设备维护得很好,也有上新设备,包括自动机械手,但实际上这些原有的装备并不需要淘汰。这个智造单元要考虑四代设备共存的现状,通过结构和信息化改造把它们集成进来。另外有些设备也不需要联网通信,有信号即可,信息采集是可以变换方式的。

智能工厂组线模式,可以定义为模块独立、多模块并存,随时组成不同的工艺需求路线,各种方式同在,支持四代共存。

在生产现场,如果产品的单向链很长,或者有多个产品,就可以有多个智造单元阵列存在,可以有一个库,也可以有多个库。在工厂中,可能存在特别大的设备,不便于搬运,将其放在哪个单元可能都不合理,但在智能制造组线模式中是不受影响的,因为只要有了智能物流,用 AGV 小车等把各单元线连起来即可。

3. 传感器技术和实时数据采集

传感器技术是随着材料科学和固体物理效应的发展逐步形成的一个独立的科学体系,其功能主要由带微处理器的"智能传感器"来实现。利用传感器技术在船舶生产线上的关键点设置观测点,然后利用这些观测点来收集生产现场的各种实时数据,建立系统实时数据库,对生产过程进行监视和反馈,为现场调度、计划调整提供数据支持。

测量系统的主要作用是对中间产品的加工过程相关数据进行实时监测,并对加工完成后的产品质量进行检测。

船舶中间产品智能加工数字化车间测量系统设备通用要求如下:

(1)将采集的数据信息传递到上位机,通过上位机进行数据分析;

(2)具备工业总线、以太网等通信接口,支持数据存储及导出;

(3)具备检测数据、报告的显示看板;

(4)测量设备能够感知各个工位的连接情况与中间产品的当前所在工位。

4. 智能仓储及物流系统

仓储系统由五个部分构成,分别为设备控制模块、入库管理模块、库存管理模块、出库管理模块以及通信接口。其体系架构如图 1-15 所示。物流系统在各工位层面,主物流线与设备之间应设置有暂存区,用于暂存待加工中间产品与已加工中间产品。暂存区中的中间产品与主物流线应可实现自动转运。

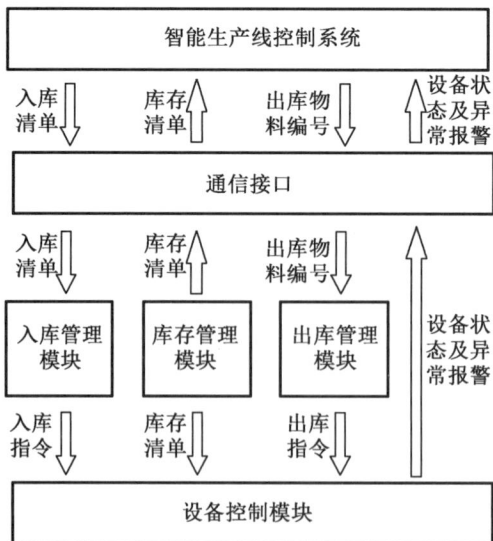

图 1-15　仓储系统体系架构

物流系统按照工位进行划分。中间产品的输送整体流向应是从仓库区至加工区，基本按照中间产品的加工工序流转。原材料应直接由仓库区输送至原材料区与各工位上料区。各物流段的主要作用应包括自动流转与自动上下料等。物流系统主要包括输入托辊线、输出托辊线、废料筐、翻料装置等设备，并根据实际生产的中间产品，以稳定高效为原则进行调整。

根据船舶中间智能生产线的运输部件体积、质量及设备安装方式，物流单元主要使用以下四种输送装置。

（1）辊筒自动输送装置

辊筒自动输送装置（图1-16）采用链轮驱动辊筒形式，优势是适用于小型部件的运输。此输送装置主要用于平面板上料。

图1-16　辊筒自动输送装置示意图

（2）片轮自动输送装置

片轮自动输送装置（图1-17）在焊接平台上安装有可升降的片轮，当物料输送时，片轮升起进行转动输送物料；当焊接工作时，片轮下降到工作平台下面。

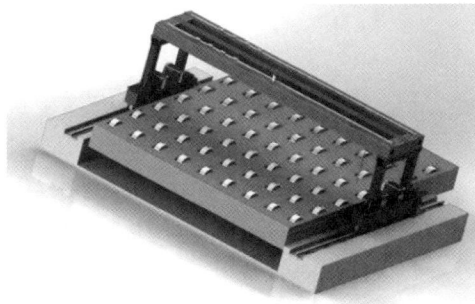

图1-17　片轮自动输送装置示意图

（3）辊筒辅助自动输送装置

辊筒辅助自动输送装置（图1-18）采用链轮驱动辊筒形式，适用于大中型部件的运输，且适合其他设备的布置。此输送装置在整条智能生产线中运用较多，主要有拼板焊接单元的翻板工位、小组立焊接单元等。

图 1-18 辊筒辅助自动输送装置示意图

（4）自动引导小车输送装置

自动引导小车输送装置（图 1-19）主要由列车行走机构、液压顶升机构、控制系统、信号及供电系统等组成，适用于大型部件的运输。此输送装置主要用于大型小组立出料单元的下料入库工位。

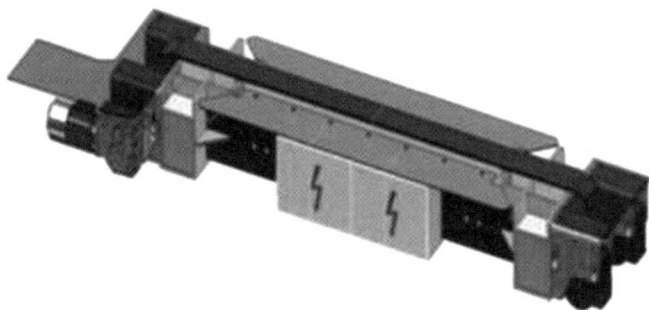

图 1-19 自动引导小车输送装置示意图

1.6　本　章　小　结

本章以中间产品为对象，分析了国内骨干船厂中间产品生产线的发展现状，以及对自动化、智能化程度的需求，由此分析船舶中间产品智能生产线的适应性。以国内船厂现有生产流程及生产设施、设备为基础，对船舶中间产品从材料预处理、下料切割、加工至小组立、平面分段以及曲面分段全过程进行生产制造；通过梳理典型中间产品的结构特点，分析船舶中间产品智能生产线的类型、特征、功能等特点，提出船舶中间产品智能生产线的通用设计原则；然后围绕设备选型、工艺要求、技术要求、控制方式、工作效率、安全生产等方面分析中间产品智能生产线的总体要求与运行机制，构建中间产品智能生产线的总体架构，指导船舶智能生产线建设。

第 2 章　型材切割智能生产线设计与智能控制技术

2.1　概　　述

船舶建造过程中,船体型材的划线和切割(把长尺寸的原材料切割出各种端部形式的构件,并在各构件上切割出各种开孔形式等)是一道重要的工序,是后续装配和焊接工序的基础。船用型材切割涉及的品种和规格多、工件轮廓线型复杂,切割工作量巨大。长期以来它主要是依靠工人的固有技能进行作业,劳动强度大,同时由于人工误差及型材的结构复杂性,不能完全保证切割的精度。

韩国、欧盟、日本、美国等均已实现型材的智能化切割。而我国虽然在自动化切割技术及装备的运用上较以前已有非常大的突破,但与韩国、欧盟、日本、美国等的差距依然很大,尤其在型材的智能化切割领域,我国还只有少数大型船厂引进了相关设备,但设备投资多,后期维修和维护成本较高。这一差距不仅体现在设备的数量严重不足,同时还体现在相关技术研发等方面的短缺,这一现状与我国当前的造船规模和今后的发展愿景不匹配。根据我国船舶行业的转型发展的需要,我国造船企业急需缩短同使用世界先进设备的企业之间的差距,急需开展型材智能切割生产线的技术研发和技术突破,提升和保障我国造船的水平和能力。

2.2　总 体 设 计

2.2.1　需求分析

最近几年,工业4.0的概念越来越火,在一些行业中得到了广泛运用,并被誉为新一轮的工业革命。谁在本轮工业革命中抢得先机,谁就能在未来市场上胜出。大家所熟知的汽车、电子等制造业,由于都是批量生产,自动化、智能化已达到相当高的水平。但船舶制造比较特殊,无法实现批量生产,尽管也有类似平面分段流水线、T排焊接流水线等生产线,但也只能算是实现了机械化和半自动化,远没有达到智能化水平。由于船舶行业在2008年后长期处于寒冬期,我国乃至全球造船行业对智能化改造研究的投入较少。在此背景下,以型材切割加工智能化改造方案为切入点,对各类加工设备进行智能化升级改造,是适应未来市场的必由之路。

型钢切割生产线属于船舶制造原材料型钢的智能化切割系统,有以下特点:可适应多种结构类型和材质的型钢原材料;可以完成切割可变坡口、切割流水孔、通焊孔、划线、编码打印五项型钢作业;使用等离子切割方式;工位包含排送、进料、打印、切割和出料。

通过对国内船舶建造企业在型材制作加工方面的研究和分析可知,目前国内船舶建造企业在型材制作加工方面仍主要采用人工方式,具体流程如图 2-1 所示。

型材加工主要工序作业情况如下。

1. 预处理

按照钢材表面处理要求,对型材进行预处理作业,保证在施工期间的防锈质量。

2. 手工号料

根据设计提供型材尺寸,在原始成品型材上进行手工号料,如图 2-2 所示。

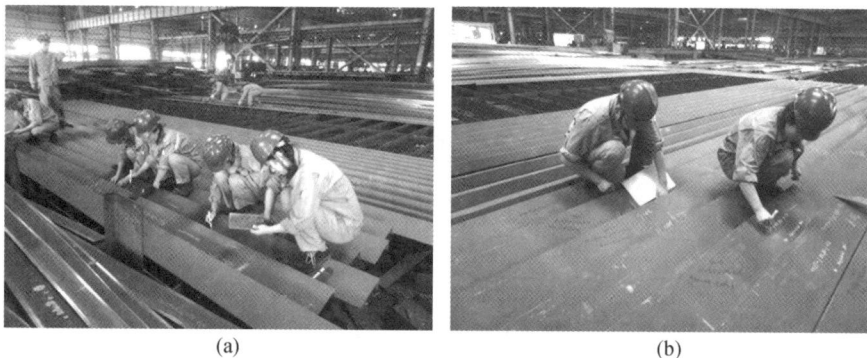

```
┌──────────┐
│  预处理   │
└────┬─────┘
     │
┌────┴─────┐
│  手工号料 │
└────┬─────┘
     │
┌────┴─────┐
│  手工切割 │
└────┬─────┘
     │
┌────┴─────┐
│  手工打磨 │
└────┬─────┘
     │
┌────┴─────┐
│ 分拣和配套 │
└──────────┘
```

图 2-1　型材加工流程

(a)　　　　　　　　　　　　(b)

图 2-2　型材手工号料

3. 手工切割

按照号料划定的位置,利用手工切割工具对型材进行切割处理,如图 2-3 所示。

(a)　　　　　　　　　　　　(b)

图 2-3　型材手工切割

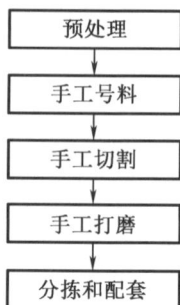

4. 手工打磨

按照零件自由边打磨要求,对切割面进行打磨处理,如图 2-4 所示。

图 2-4　型材手工打磨

5. 分拣和配套

按照设计提供的零件配套表,对型材进行分拣和配套,如图 2-5 所示。

图 2-5　型材分拣和配套

2.2.2　设计目标

针对船体型材的型号规格及船厂型材加工车间的产能需求,进行型材切割智能生产线的总体设计。通过开展生产线的总体布局、物流设置、设备选型及控制方案的研究和论证,完成整个生产线总体建设方案的设计和生产线控制系统的研发,减小工人劳动强度,提高型钢切割效率,达到产业升级改造的目的,从而提高我国造船行业的竞争力,使其在新一轮的工业革命中占领先机。

2.2.3　生产对象分析

生产的设置与加工对象有着紧密的关系,因此需要对型材的主要情况进行梳理和分析。为适应船厂的实际生产情况,应选取多型产品进行型材特性的分析,考虑到型材的厚度和材质对生产线的布置并无太大影响,这里主要考虑型材的长度和宽度。常规型材切割智能生产线的生产对象信息见表 2-1。

表 2-1 常规型材切割智能生产线的生产对象信息

名称	常规型材(球扁钢、角钢、扁钢)
长度范围	4~12 m
板厚范围	5~50 mm
单根型材最大质量	1.5 t
材质	船体结构用钢(A~EH40)
切割种类	端部切割、流水孔切割、贯穿孔切割、过焊孔切割、透气孔切割、止裂孔切割等
切割坡口形式	V 型(含渐变)
切割坡口范围	±45°

2.2.4 现场环境与能源介质分析

1. 现场环境

(1)环境温度:0~45 ℃。

(2)相对湿度:≤95%。

(3)振动:振动加速度小于 0.5g。

(4)控制柜电源和焊接用电源分别从电网变压器引出,配有独立的空气开关。

(5)控制柜必须分别接地,接地电阻小于 10 Ω。

(6)现场无腐蚀性气体。

(7)安全要求:型材生产线周围应设有安全围栏、安全门等,安全围栏、安全门和机器人之间有互锁功能。

2. 能源介质

(1)标准供给电压:AC 380 V(±10%)3 相 4 线制;电压波动范围:-15%~10%;频率:50 Hz。

(2)控制柜电源:15 kW×2 AC 380 V。

(3)焊接电源:60 A×2 AC 380 V。

(4)压缩空气:0.3~0.5 MPa,需配备专用设备滤出水、油、杂质。

2.2.5 工艺流程分析

船体型材种类繁多,常见的有扁铁、角钢、球扁钢、T 型材、工字钢、圆钢、槽钢等数十种。为适应智能设计及智能切割加工制造,船体型材端切形式分类要满足智能化的要求:一方面,从型材的类型入手,进行各种型材的端切分离研究,根据不同型材端切的特征进行分类,以适应设计、切割加工的需要;另一方面,从端切连接形式进行研究,根据是采用焊接还是自由方式连接,确定船体型材端切形式,以满足智能船厂的要求。

基于上述要求,分析型材切割智能化所需的工艺参数分类技术,提出型材规格、端头形状及尺寸、坡口类型、划线形状、内孔种类、边缘角隅形式等参数的数字化表示方法。型材切割智能生产线的生产工艺流程,可以采用生产线专用机器人切割工作站和集成控制程序的架构,解决不同规格型材的加工自动化,通过自动喷码和划线机,对型材进行标注和对合线进行绘制,通过系统控制传送带实现型材自动分拣。型材智能切割工艺流程图如图2-6所示。

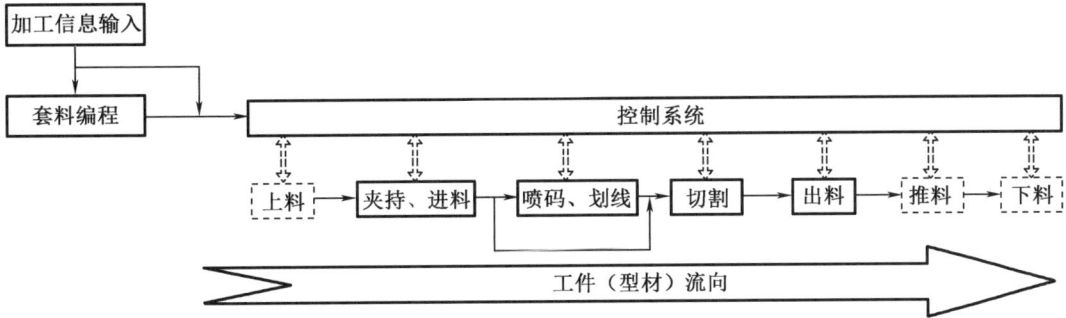

图 2-6　型材智能切割工艺流程图

根据上述生产线布置方案,结合直线型生产作业流程,下面分别介绍生产线各工位功能及作业流程。生产工位按作业流程依次布置为上料工位、送料输送工位、机器人切割工位及出料输送工位。

1. 上料工位

上料区域:用于将型材放置于合适的传送位置。

作业流程:

(1)推车复位、机器人复位(初始化)、型材固定、压紧等;

(2)人工将型材吊到料架的合适位置;

(3)上料位置上升,上料装置将型材输送至传送带的合适位置;

(4)推车通过机器人的外部轴前进至型材尾端的合适位置;

(5)夹持装置连接推车与型材。

2. 送料输送工位

送料区域:用于切割型材的输送。

作业流程:

(1)上料装置退出,侧向靠轮上升;

(2)推车与传送带前进送料;

(3)型材首端到零位开关;

(4)显示并计算型材长度,判断是否适用,如果不适用,会执行退料操作。

3. 机器人切割工位

机器人切割区域:用于各种型材的切割及开孔等,确保型材的切割质量和效率。

作业流程：

（1）工控机切割文件执行；

（2）根据上述切割文件送料至指定位置；

（3）判读目标型材是否需要喷码,如果需要喷码,将会按要求对型材进行喷码；

（4）横向、垂向夹紧装置夹紧型材；

（5）横向、垂向检测,检测出切割起点、终点位置,传给控制系统；

（6）横向、垂向夹紧装置松开；

（7）根据切割指令文件送料至下一切割位置；

（8）重复过程（4）~（7）,直至切割任务完成；

（9）机器人复位,推车复位。

4.出料输送工位

出料输送区域:用于切割完成后型材的分拣及输送。

作业流程：

（1）将切割完的零件进行分拣；

（2）将切割完的零件进行输送。

2.2.6　总体布局设计

结合国内外型材构件智能切割方法的调研,进行型材切割自动流水线生产流程设计,提出适应国内船舶行业特点的上料、切割、划线、喷码、下料的智能切割布局和流程。总体生产线流程为:型材通过上料系统上料后,被推送至送料系统辊道平台;夹持系统运作,联合送料系统进行型材测长,然后进行自动套料,套料完毕后型材被送入切割房进行切割;机器人切割完成后,出料系统运作,将型材送入下料系统辊道,自动分理系统将零件分理推送至下料平台。

结合船厂生产对象信息以及实际生产场地条件,船体型材智能切割生产线设计为直线型生产线。型材切割智能生产线平面布置示意图如图2-7所示,该生产线可实现型材加工的全过程自动化,只需一位操作工人通过控制面板即可控制整条流水线。整线封闭布置可以有效减少灰尘污染,降低作业环境噪声。

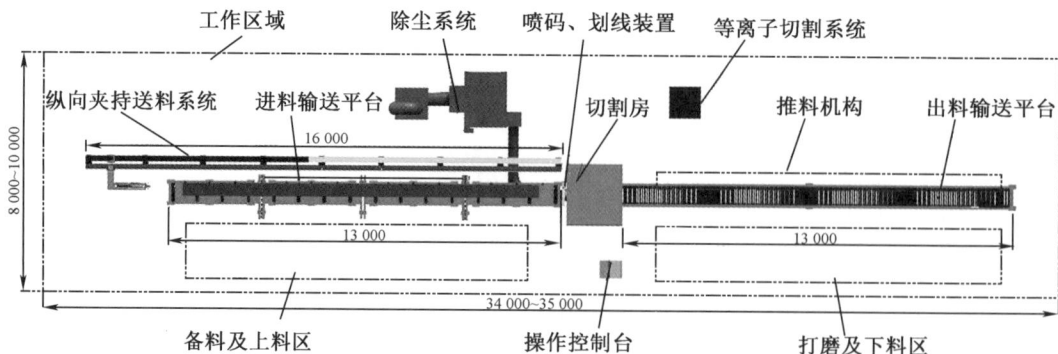

图2-7　型材切割智能生产线平面布置示意图

2.3　主要工位设计及设备配置分析

以型材智能切割标准工艺流程为基础,从生产线设计和建设的角度对各个工位的主要功能进行研究和分析,并分析各个工位相关功能,提出对智能化的相应需求。型材切割智能生产线设计数据如下:

(1)输送辊道的承重负载:1 500 kg/12 m。

(2)辊道及机器人工作宽度范围:650 mm。

(3)机器人工作高度范围:250 mm。

(4)进料及出料辊道工作长度:14 m。

(5)纵向夹持送料系统工作行程:15 m。

(6)等离子切割能力:穿孔切割 60 mm,边缘切割 80 mm。

(7)切割精度:±1 mm。

(8)定长切割精度:±2 mm/12 m。

(9)坡口角度误差:±1°。

(10)辊道工作面高度:900 mm。

(11)最大传送/行走速度:24 m/min。

2.3.1　生产线工位设计方案

型材切割智能生产线主要由型材上料区、型材切割区、校正打磨区、分拣配套区等组成,各工位设计方案如图 2-8 所示。

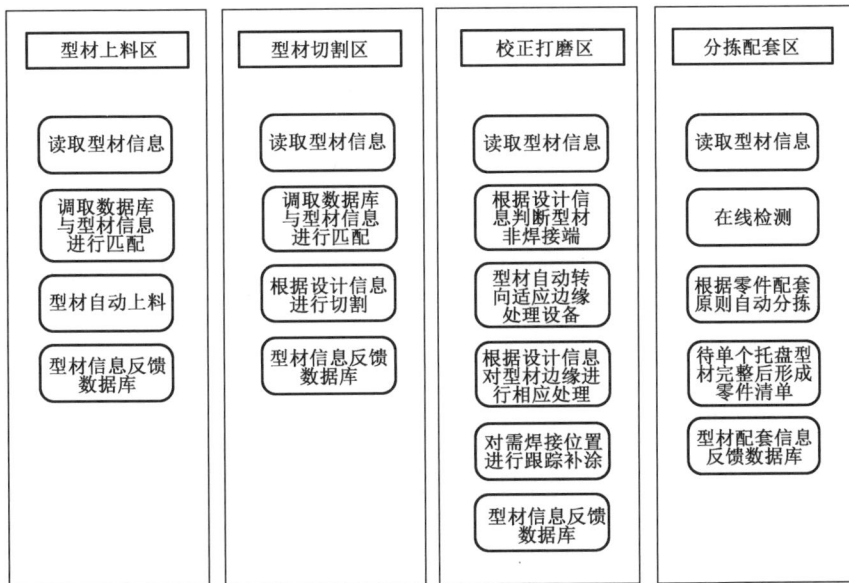

图 2-8　型材智能切割生产线功能设计方案

1. 型材上料区

（1）读取型材信息。通过激光扫描、图像识别等技术手段读取型材自然信息，如炉批号、型材材质、型材主尺寸（长、宽、高）等。

（2）调取数据库与型材信息进行匹配。通过调取系统数据平台中的设计信息，与目标型材的自然信息进行匹配，避免出现错误。

（3）型材自动上料。在信息确认无误后，将型材转运至上料工位。

（4）型材信息反馈数据库。将在该工位所确认和操作的信息全部实时反馈至数据库中。

2. 型材切割区

（1）读取型材信息。再次读取型材信息。

（2）调取数据库与型材信息进行匹配。再次确认型材信息与设计信息的匹配关系。

（3）根据设计信息进行切割。调取车间管控平台中的型材套料信息，对型材进行切割处理。

（4）型材信息反馈数据库。将在该工位所确认和操作的信息全部实时反馈至数据库中。

3. 校正打磨区

（1）读取型材信息。

（2）根据设计信息判断型材非焊接端。由于型材非焊接端属于自由端，需要对其边缘进行处理，因此需要调取相应的设计信息判断出型材的非焊接端。

（3）型材自动转向适应边缘处理设备。根据判断出的型材非焊接端，自动转向机构将型材自动调整到相应位置，以适应边缘处理设备的作业需求。

（4）根据设计信息对型材边缘进行相应处理。调取设计信息，边缘处理设备根据设计要求对型材边缘进行处理。

（5）对需焊接位置进行跟踪补涂。

（6）型材信息反馈数据库。将在该工位所确认和操作的信息全部实时反馈至数据库中。

4. 分拣配套区

（1）读取型材信息。

（2）在线检测。对型材加工后的尺寸情况进行在线检测，并将检测数据反馈至后台数据库，对于不满足设计要求的型材予以示警。

（3）根据零件配套原则自动分拣。通过匹配型材信息和车间管控平台中的零件托盘信息，实现型材的自动分拣作业。

（4）待单个托盘型材完整后形成零件清单。在自动分拣作业完成后，形成条形码/二维码等信息标识，并自动贴附在零件托盘上。

（5）型材配套信息反馈数据库。将在该工位所确认和操作的信息全部实时反馈至数据库中。

2.3.2　生产线中对智能化的需求

该型材切割智能生产线中虽然整体作业原理与传统手工加工一致,但其整体过程的上料、信息识别、信息匹配、自主判断、定位、加工等一系列动作均无须工人直接参与,因此该生产线对智能化主要有以下几方面需求:

(1)生产线的操作系统平台与公司级数据库和车间级管控平台无缝链接,具备信息实时传递的能力。

(2)生产线各个工位、各个设备之间可实现物联互通的信息传递。

(3)高精度检测机构能够在零件加工完成后,实现对零件主要数据的检测,并完成与设计模型/数据的匹配工作,确保加工质量。

(4)生产线加工系统后台算法应具备进化能力,在加工过程中随着数据的不断积累,逐步形成高度预判和决策的功能。

2.3.3　设备配置分析

型材切割智能生产线主要由型材夹持装置、纵向精密传动装置、进料输送平台、切割房、出料输送平台、喷墨划线装置、机器人、等离子切割系统、除尘器等设备组成。

1. 型材夹持装置

如图 2-9 所示,型材夹持装置主要组成部分有液压泵、液压缸、气缸、夹头、探杆、传感器、机械结构等。

图 2-9　型材夹持装置

2. 纵向精密传动装置

纵向精密传动装置主要组成部分有伺服电机、减速器、齿轮齿条、直线导轨、传感器、拖链、箱形横梁、行走小车、支架等。

其主要技术数据如下:

(1)轨长:16 m。

(2)有效行程:15 m。

(3)最大传输速度:24 m/min。

3. 进料输送平台

进料输送平台(图2-10)主要组成部分有:辊道,包括辊轮、导轮、台架、盖板、传感器等;拉靠机构,包括链条、拉钩(挡块)电机等。

图 2-10　进料输送平台

其主要技术数据如下:

(1)工作高度:900 mm。

(2)工作宽度:650 mm。

(3)工作长度:14 m。

(4)最大传输速度:24 m/min。

(5)负载:1.5 t。

4. 切割房

切割房(图2-11)主要组成部分有机器人、等离子割炬及线缆、压轮、靠轮、传感器/编码器、废料渣收集箱/车、除尘吸风口、观察窗及机架等。

其主要技术数据如下:

(1)外尺寸:1.6 m×2 m×2.5 m。

(2)机器人:STAUBLI TX90。

(3)等离子电源:SmartFocus300。

(4)切割精度:±1 mm。

5. 出料输送平台

出料输送平台(图2-12)主要组成部分有链条、支板、电机、机架等。

其主要技术数据如下:

(1)工作高度:900 mm。

(2)工作宽度:650 mm。

(3)工作长度:14 m。

(4)最大传输速度:24 m/min。

(5)负载:1.5 t。

图 2-11　切割房

图 2-12　出料输送平台

6. 喷墨划线装置

喷墨划线装置(图 2-13)主要组成部分有喷墨头、伺服电机、气缸、机械结构等。该装置可在型材上实现喷码、划逆直线、装配线等。

其主要技术数据如下:

(1)墨水颜色:黑色。

(2)字符高度:5~67 mm。

(3)划线精度:±1 mm。

(4)划线宽度:1 mm(可调)。

(5)最大划线速度:24 m/min。

7. 机器人

机器人拟采用 STAUBLI TX90 系列机器人,如图 2-14 所示。STAUBLI TX90 系列机器人采用 6 自由度的多关节机械手臂,具有高度灵活性,球形工作区域可以最大限度地利用工作单元;集成了无间隙的齿轮减速系统,结合了高性能的控制器,从而保证了精确的轨迹控制和最佳的过程参数管理。全封闭式的机械臂结构(防护等级 IP65)适用于严苛的环境。

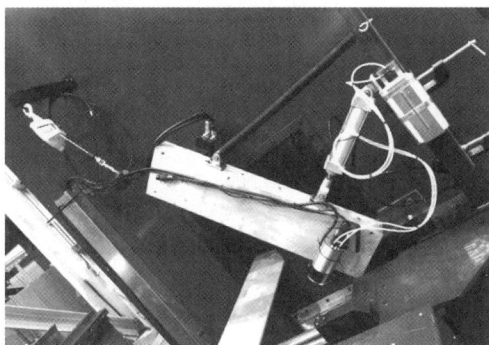

图 2-13　喷墨划线装置

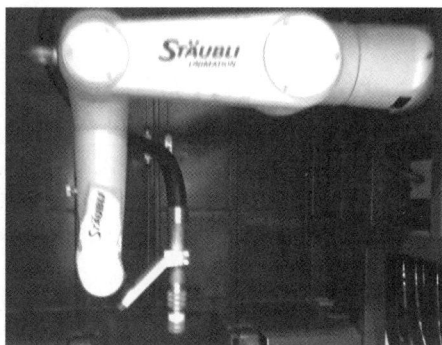

图 2-14　STAUBLI TX90 系列机器人

STAUBLI TX90 系列机器人主要参数如下：

（1）自由度：6。

（2）额定负载：20 kg。

（3）工作行程：1 000 mm。

（4）可重复精度：±0.03 mm。

（5）保护等级（手腕）：IP65（IP67）。

（6）安装方式：置地式、壁挂式或置顶式。

8. 等离子切割系统

等离子切割电源拟采用德国 SmartFocus300 等离子电源，如图 2-15 所示。该系统可以自动设置上坡、下坡以及拐角电流，目前在国内应用相当广泛。

该系统采用凯尔贝等离子割炬，如图 2-16 所示。为机器人切割专配的割炬及电缆使机器人具有更广泛的接触范围和操控便捷性。

图 2-15   SmartFocus300 等离子电源

图 2-16   凯尔贝等离子割炬

9. 除尘器

除尘器拟采用美国 Donaldson（唐纳森）除尘器，型号为 RH-XLC 3-12，如图 2-17 所示。

图 2-17   Donaldson 除尘器

2.4 生产线控制系统设计

型材切割智能生产线控制系统能够操纵控制生产线上所有执行设备,实现不同型材的夹持、输送、定位、切割等功能的全自动流水式生产。

控制系统的核心是切割打印系统。该系统能够自动对型材测长,进行自动套料,自动调用相应的切割工艺参数,完成对不同型材的切割及开孔等。

2.4.1 型材切割智能生产线控制系统框架

型材切割智能生产线控制系统(图 2-18)主要由套料系统、机器人系统、测量系统、主控计算机系统、切割打印系统及辅助系统等子系统组成。

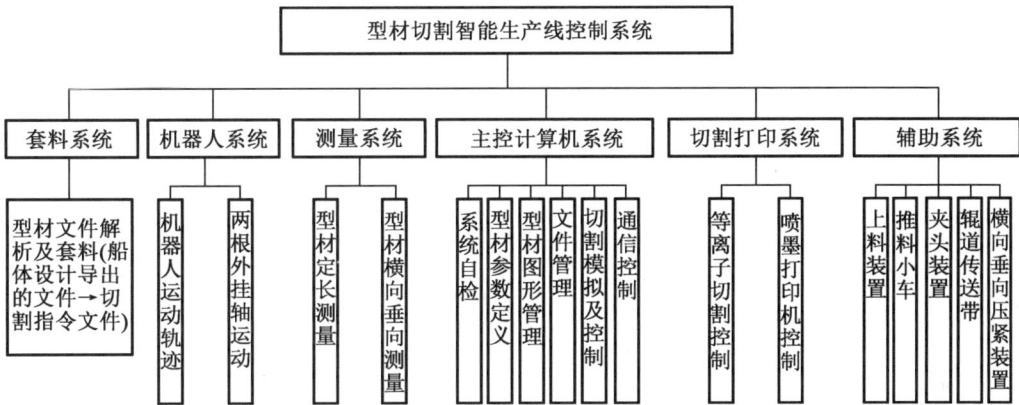

图 2-18 型材切割智能生产线控制系统结构图

其中,套料系统主要是将船体设计导出的文件转换为切割指令,给出型材的套料切割方案。机器人系统主要是控制机器人运动轨迹及两根外挂轴的运动,包括纵向导轨推车以及横向喷码打印。测量系统主要是对型材进行测量,通过零位位置和伺服电机对型材进行测量,包括尺寸测量、变形量测量及补偿、高度测量等,并能实时跟踪测量结果。主控计算机系统主要负责系统自检、型材参数定义、型材图形管理、文件管理、切割模拟及控制、通信控制。切割打印系统主要控制等离子切割、喷墨打印机构行走和等离子起弧,根据设定弧压进行高度控制,喷墨打印时传送信息。辅助系统主要控制上料装置、推料小车、夹头装置、辊道传送带以及横向垂向压紧装置。

2.4.2 型材切割智能生产线控制系统软件

如图 2-19 所示,型材切割智能生产线控制系统软件主要由模型转换软件、套料软件、机器人控制软件、划线及测量运动控制软件、人机界面(HMI)软件等组成。其中:

模型转换软件主要是将船体系统的设计数据文件导出,然后在指令代码转换软件中将其转换成相应的切割指令代码并传送到主控计算机中,从而实现设计图纸数据的自动转换。

套料软件包括模型库模块、CAD(计算机辅助设计)优化处理模块、绘图修改模块、自动套料模块、交互式套料模块、校验模块、图形界面及通信模块等。

机器人控制软件主要完成特征提取、离散点生成、工艺信息配置、机器人运动信息配置、离线仿真及优化、机器人语言生成和通信模块等功能。

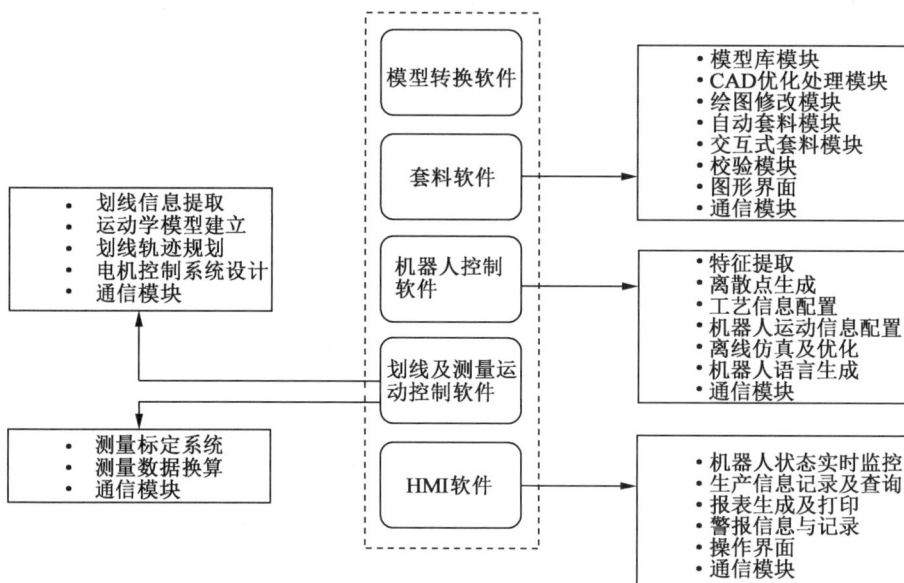

图 2-19　型材切割智能生产线控制系统软件结构图

2.4.3　型材切割智能生产线切割机器人程序库

为了实现船体型材的智能快速切割,需引入切割机器人离线编程技术,将型材切割的各种图形以及对应的不同工艺预先进行编程,并纳入程序库,切割时直接调用,无须示教,实现快速切割,从而提高生产线作业效率。

针对型材端部切割形式以及开孔形式,可将机器人切割程序库分为两大类:一类是基本特征程序库,包括一些图形的基本元素,如直线、圆或圆弧、方形、梯形等,用户可以根据这些基本元素图形生成自己想要的切割形式。但是采用这种方式自动化程度低,对人工操作要求高。另一类是标准图形程序库,包括型材的各种常用切割图形或切割样式。所以重点在于开发标准图形程序库,切割时可以直接调用数据库中的端部和开孔形式,实现快速高效的离线编程。

针对不同材质、不同形状的型材所采用的等离子切割工艺,梳理工艺参数框架,搭建工艺数据库,便于切割机器人离线编程时完成快速调用。

1. 船体型材端部形式分类

船体型材种类繁多,常见的有扁钢、角钢、球扁钢等。不同类型的船体型材,端切的形状及几何参数也不相同,二者排列组合生成众多的端切形式,所有类型的型材端切形式可达几千种。

为提高型材切割的智能化程度,实现切割机器人的快速离线编程,应针对数量庞大的船体型材端切形式进行归纳分类。先按照型材的类型进行分类,每一类型型材的端切形式再按照端切的几何形状进行分类,忽略端切几何参数的变化,形成不同的型材端切形式分类。

下面以一种典型的切割端部形式来说明。图2-20所示为程序库中的一种型材的端部切割形式示意图及参数可选的数值范围,此种端部切割形式主要用于切割角钢及球扁钢。

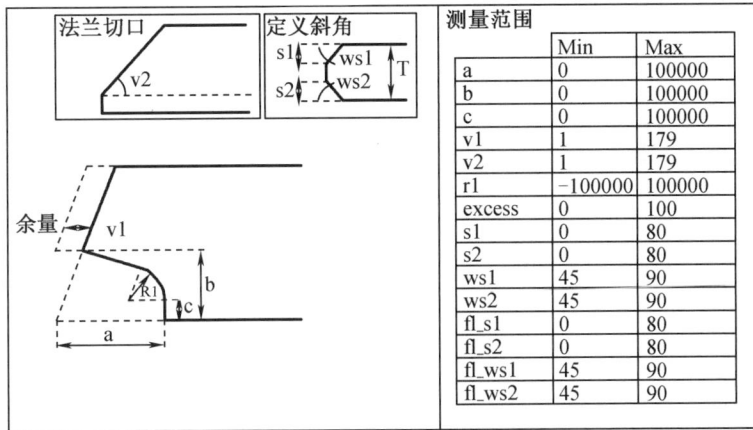

测量范围	Min	Max
a	0	100000
b	0	100000
c	0	100000
v1	1	179
v2	1	179
r1	−100000	100000
excess	0	100
s1	0	80
s2	0	80
ws1	45	90
ws2	45	90
fl_s1	0	80
fl_s2	0	80
fl_ws1	45	90
fl_ws2	45	90

图2-20 端部切割形式示意图及参数可选的数值范围

图2-20中左边部分为端部切割形式示意图,其中表明了不同部分的参数定义;右边部分则表明了参数可选的数值范围。如此一来,一种端部形式的定义可以覆盖该类型多种因不同几何尺寸组合构成的型材端部切割形式。

2. 船体型材智能切割工艺参数及数据库

(1)工艺参数

基本参数:型材规格、长度、宽度、校正角度、起始位置、旋转角、镜像、补偿量、整圆精度参数。

速度参数:工作速度、移动速度、转角速度参数。

喷粉参数:点火、氧燃气等喷粉参数。

等离子参数:引弧、穿孔等离子参数。

(2)数据库

数据库常用的选项有 SQL Sever 和 MySQL。

MySQL 可以认为是开源免费数据库。MySQL 的读写性能一流,即使面对大数据量也没问题,但前提是必须使用简单查询,最好不要使用函数、join、group 等方式查询。

MySQL 可以运行在 Windows 桌面版本上,因此不需要专用服务器,但是对工控机的负载较重。MySQL 系统架构如图2-21所示。

SQL Server 的特点是容易上手,编程方便,提供了如存储过程、触发器、丰富的函数、图形化的管理界面、自动维护的计划任务与开发工具的集成等,可与 Visual Studio 开发工具集成,开发效率高。

(a)工控机　　　　　　　　(b)运动控制器

图 2-21　MySQL 系统架构

因为 MySQL 可配置性好,配置安全、透明、简单,权限明确,不易出漏洞,故选择 MySQL 数据库。

2.4.4　型材切割智能生产线控制系统操作流程

船用型材切割智能生产线控制系统操作流程为:从船体设计系统导出所需加工的型材模型,经过定制开发的套料软件转换生成 NPD 文件,该文件描述了型材切割的基本信息。将 NPD 文件加载到型材切割智能生产线控制系统的型材文件解析软件模块,形成切割子系统可控制并执行的指令代码。系统将自动进行型材测量并定位,执行切割动作,监控切割过程,形成切割型材的历史记录和工艺数据。系统还具备管理型材切割生产线监控以及历史数据处理、保存、查询等功能。

对于每次具体切割的型材,可以直接加载由套料软件生成的 NPD 文件或现场手工套料生成所需的 NPD 文件;对于已经切割过的型材,可以直接调用 NPD 文件,以方便操作。手动操作区可对每个区域的具体机械结构进行单独的动作,包括型材固定、进料轴和出料轴前进/后退、切割房横向垂向气缸伸出/回缩、喷码气缸上升/下降、机器人复位等动作。操作人员通过控制界面,可远程操作各设备启停,进行各设备的调试和检修。

2.5　应 用 案 例

国内某船厂已经成功应用型材切割智能生产线,该生产线控制系统包含手动、自动两种工作模式。控制系统主界面如图 2-22 所示。

图 2-22　控制系统主界面

2.5.1　型材智能切割生产线手动控制

操作人员通过控制界面,操作设备启停,进行新工艺调试,此时控制系统只起到监控生产过程的作用。手动模式又分为进料控制、喷码划线控制、切割控制和出料控制四个部分。具体控制方法如下:

1.电源、气源准备

(1)车间外源电源打开,上电。

(2)主电控箱上电:按下"合闸"按钮,相应的指示灯亮,上电完成,如图 2-23 所示。

(3)切割电源上电:钥匙开关从 0 转至 1,然后按旁边的绿色按钮,启动切割电源,上电完成,如图 2-24 所示。

图 2-23　主电控箱上电状态

图 2-24　切割电源上电操作

(4)压缩空气瓶上电:按下白色按钮(其上有数字 1),上电完成,如图 2-25 所示。

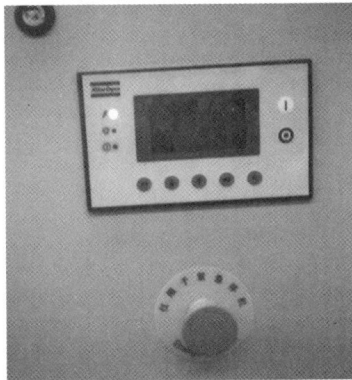

图 2-25　压缩空气瓶上电

(5)压缩空气调压:将压力调至 1 MPa,如图 2-26 所示。

图 2-26　压缩空气调压

2. 切割准备

（1）控制台启动

①控制台上电，将控制台右侧控制键抬起，如图 2-27 所示。

②按下控制台上部最上端绿色按钮"总电源"，启动控制台。

③按下控制台"总电源"按钮下面的绿色按钮"工控机"，如图 2-28 所示。

图 2-27　控制台上电

图 2-28　开启工控机

注意：黄色按钮在切割过程中需打开，除尘装置工作，蓝色按钮为备用按钮。

④打开主机开关。

（2）型材上料

利用吊车将要切割的型材母材吊至上料平台上。

（3）调用程序

双击桌面上的程序"Cutline"，显示出主操作界面，如图 2-29 所示。

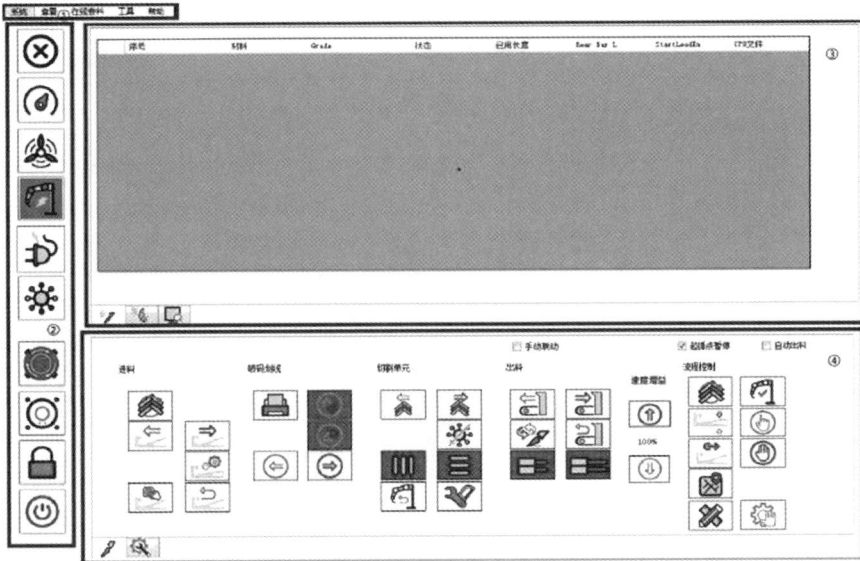

图 2-29 程序主操作界面

3. 切割操作准备

(1)机器人上电,鼠标点击主界面左侧 按钮,完成机器人上电。

(2)加载进行切割操作的 NPD 文件,如果有已经编辑好的 NPD 文件,则直接加载,如图 2-30 所示。

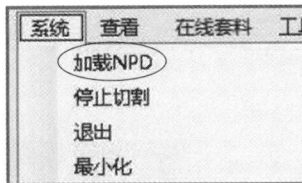

图 2-30 加载 NPD 文件

注意:如果需要手工套料来生成 NPD 文件,那么需要先进行手工套料操作(目前做切割试验多采用此种方式)。

手工套料的操作步骤如下:

①在菜单栏中选择"在线套料",进入在线套料主界面,如图 2-31、图 2-32 所示。在线套料操作示意图如图 2-33、图 2-34 所示。

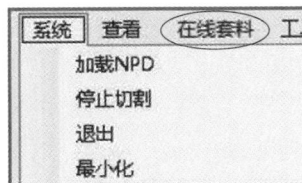

图 2-31 在线套料

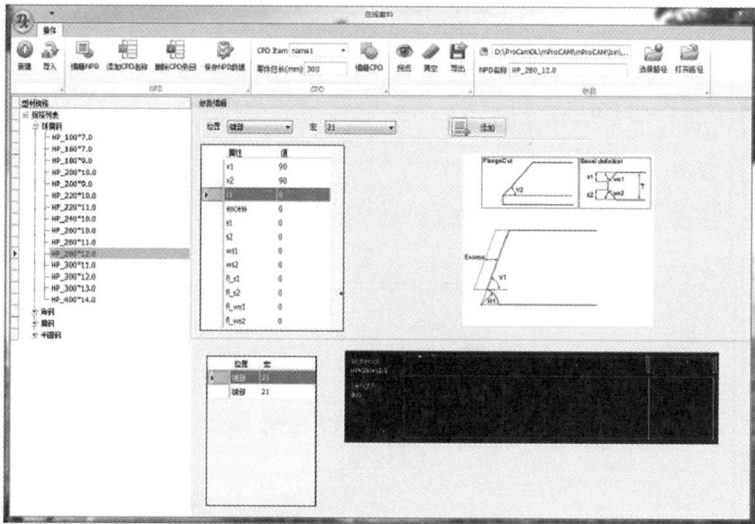

图 2-32　在线套料主界面

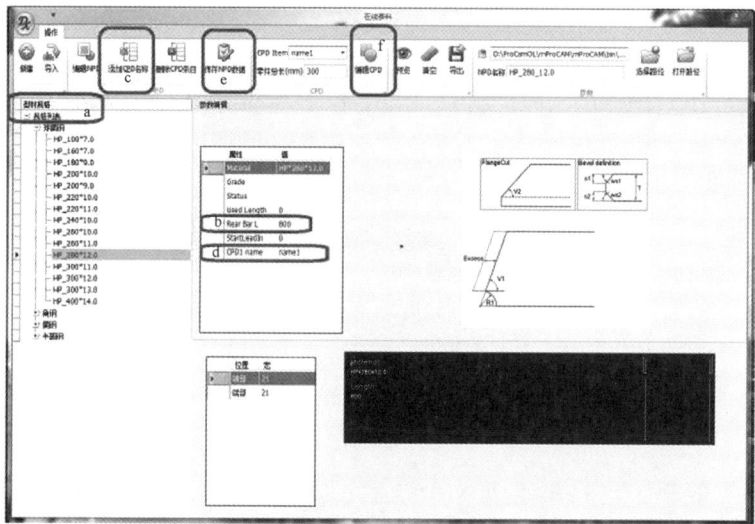

图 2-33　在线套料操作示意图 1

②按如下流程操作：

a. 鼠标点击"型材列表"，选择与要切割的型材型号匹配的型材。

b. 手动设置需要切割成型零件的长度。

c. 鼠标点击"添加 CPD 名称"。

d. 手动输入 CPD 文件命名。

e. 鼠标点击"存储 NPD"数据。

f. 鼠标点击"编辑 CPD"。

g. 选择想要切割的端部形式或开孔形式。

h. 在"属性"后面的"值"中输入端部形式或开孔形式参数。

i. 鼠标点击"添加"按钮,即将带有参数的端部形式或开孔形式添加成功。

j. 如果还需要添加切割指令,可以重复执行步骤 g 至 i。

k. 最后鼠标点击"导出"按钮,选择合适的位置保存 NPD 文件。

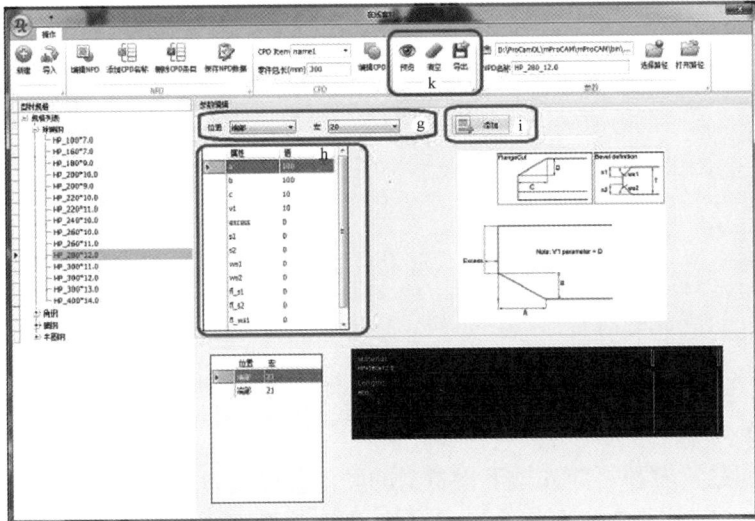

图 2-34 在线套料操作示意图 2

(3)选择工作模式,当前都采用"自动模式(等离子启用)"。

选择工作模式下拉菜单项中的"自动模式(等离子启用)"。

4. 切割具体操作

注意:在操作前,必须人工确保设备无异物危及人身安全。

(1)初始化操作

鼠标点击⊘,初始化操作,按此按钮会使所有气缸、机器人、链条归位。

(2)加载 NPD 文件

加载已经存储的 NPD 文件或者现场手工套料生成的 NPD 文件。

(3)进入自动状态

鼠标点击 ⚙,进入自动状态。

(4)型材固定

鼠标点击 ⬙,自动固定,设备链条运行,将型材推送至传感器位置。注意:型材长度务必大于进料平台两个跨的长度。

(5)夹臂前进

鼠标点击 ⬚,夹臂前进,探测型材并夹紧,如果设备没有探测到型材已经到位,可点击 ⬚进行二次探测。

(6)夹臂推进型材至零点

鼠标点击 ⬚,夹臂推进型材至零点,此过程会测量出型材长度。

（7）定位划线

鼠标点击 ，开始划线。

（8）测量

鼠标点击 ，测量，将型材推进切割区域并测量高度和宽度。

（9）机械手到位

鼠标点击 ，机械手到位，机器人将回到安全位置。

（10）开始切割

鼠标点击 ，开始切割。

（11）自动出料

切割完成后，鼠标点击自动出料前面的 ，设备将会自动出料。

（12）短料推杆或长料推杆

出料完成后，根据零件尺寸，选择 短料推杆或 长料推杆。

5. 异常情况处理

（1）在出现紧急情况时，应先按下设备上的硬件急停按钮。

（2）在出现错误需要重新加工时，可点击软件操作界面的急停按钮来停止设备工作。

2.5.2 型材切割智能生产线自动控制

自动切割的准备程序与手动切割相同。首先启动机器并校准侧向进给夹具和打印机，使用"添加"按钮将数据文件添加到自动剪切列表。如果已添加文件，则必须为文件分配状态以通知 PCL 其位置。准备好开始时，按遥控器触摸屏上"切割"窗口的"切割"部分中的"自动切割"按钮，整个切割顺序（和/或标记）将自动进行。一旦部件被切割，它们将自动移除到出料。数据文件包含有关每个零件长度的信息。300~4 000 mm 的零件从出料板条带被推到卸载台。较长的部件被输送到出料输送机，出料缓冲链抬起，将成品部件从输送机上提起并将其输送到缓冲链上以便卸载。小于 300 mm 的零件将落入废旧车中。

要中断或取消激活自动切割过程，应再次按"保持"或"自动切割"按钮。

可以在自动剪切列表中遵循进度。当数据文件被剪切时，它将具有"完成"状态，在列表中不会被删除。如果要删除列表中已处理的所有数据文件，请单击列表中的"已删除的"按钮。

操作人员点击"启动"后，各工作区域设备按设定好的逻辑与节拍有序作业，此模式为控制系统正常工作模式。自动控制界面如图 2-35 所示。

图 2-35　自动控制界面

2.5.3　型材切割智能生产线试验验证

现以典型的 HP280 型材的试验情况及结果进行说明,试验中将切割信息以 NPD 文件形式输入软件中,形成机器人离线切割代码,之后控制软件启动自动切割控制模式实现智能化切割。

试验中机器人的切割速度为 800~4 000 mm/min,切割高度为 3~6 mm,切割电流为300 A,引弧高度为 4~7 mm,穿孔高度为 6~20 mm。试验结果显示,型材切割坡口及球头部分的光滑和平顺度具有手工切割无法比拟的优越性,同时加工工艺参数还可以由割炬的高度、电流和速度来控制,以达最优。图 2-36 所示为型材切割试验的部分结果照片。

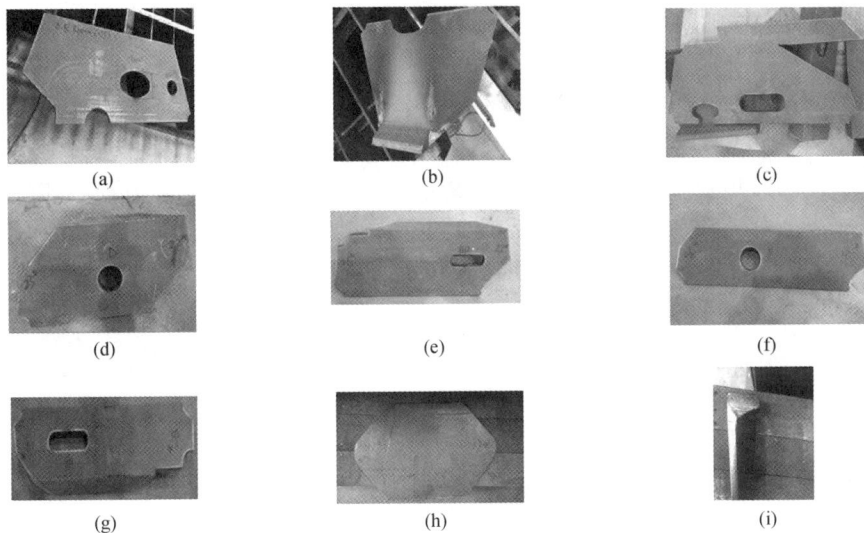

图 2-36　型材切割试验结果

采用手工切割型材的方式,七八个工人一天的切割及开孔数量大约为 60 根,且切割精度低,开孔质量差,需额外配置 2 个打磨工人;而采用型材切割智能生产线加工,同样的加工量仅需配置三四个工人,同时由于其加工精度高,打磨工人稍做打磨处理即可。

2.6　本章小结

本章主要介绍了型材切割智能生产线设计制造方案,基于方案设计的控制系统在该生产线上完成了功能验证和性能测试,实现了型材上料、切割、划线、喷码、下料的智能生产流程,满足船体型材切割智能生产线控制系统的研制需求。

船用型材切割智能生产线在满足国内外同类型设备基本功能的基础上,进一步提高了型材自动化切割效率和船体建造的精度,弥补了型材切割智能化加工设备的空白,解决了型材切割效率低下、切割质量不稳定的问题,改进了我国造船型材切割靠手工操作的落后工艺,实现了型材切割的自动化及智能化,为推动船舶制造向智能化方向发展提供了典型生产线示范应用,从而推动了我国造船业向自动化、智能化方向发展。

第3章 条材切割智能生产线设计与智能控制技术

3.1 概　述

条材在船舶结构设计中是相对简单的结构形式,但其使用范围较广,基本覆盖船舶所有位置。以 VLCC 为例,该种船型共设有 52 000 余件条材,所有条材的结构质量为 2 000 余吨,条材的质量约占全船结构质量的 5%,其切割路径长度约占全船零件切割路径长度的 11.5%左右。鉴于条材结构形式相对标准和简单,具备实现自动化、数字化和智能化加工制造的基础条件,通过自动化、数字化和智能化加工条材可有效提高生产效率,降低对直接作业工人的数量需求。

3.2 总 体 设 计

3.2.1 需求分析

通过对国内船舶建造企业在条材制作加工方面的研究和分析可知,目前国内船舶建造企业在条材制作加工方面多采用两种加工方式,具体如下:

1.龙门切割开板+手工切割

龙门火焰切割机是钢板切割的常规设备,因此国内船舶建造企业大多采用"龙门切割开板+手工切割"的方式进行条材的加工作业,其加工工艺流程如图 3-1 所示。

（1）数控划线

利用数控划线机根据套料程序对整板进行划线处理,如图 3-2 所示。

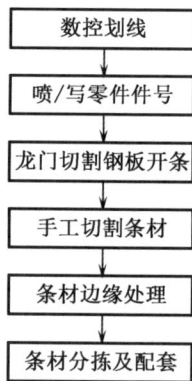

图 3-1　条材加工工艺流程

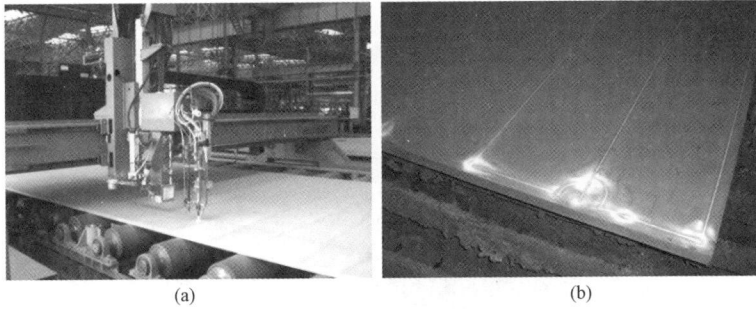

图 3-2　板材数控划线

（2）喷/写零件件号

利用喷码机或手工在整板上标注条材件号，如图 3-3 所示。

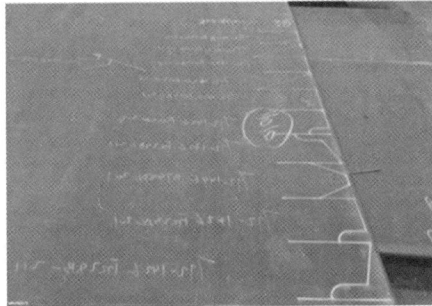

图 3-3　板材喷码

（3）龙门切割钢板开条

利用龙门火焰切割机按照所施划的线对整板进行开条切割，如图 3-4 所示。

图 3-4　龙门切割钢板开条

（4）手工切割条材

将切割完成的条材转运至手工胎位，手工或利用自动切割小车按照所施划的线进行切割，如图 3-5 所示。

图 3-5 手工切割条材

（5）条材边缘处理

对切割完成的条材边缘进行倒角处理，如图 3-6 所示。

图 3-6 条材边缘处理

（6）条材分拣及配套

对处理完成的条材按照一定规则分拣后向下道工序配套，如图 3-7 所示。

图 3-7 条材分拣及配套

2. 混合条材加工方式

受资源条件限制、减少余料调用等原因影响，国内部分船舶建造企业采用混合式条材加工方式，具体如下：

（1）部分小规格条材与数控件混合套料，利用数控切割机加工；

（2）其余条材仍采用龙门切割开板+手工切割的模式加工。

这种生产方式虽然在一定程度上将部分条材放置在数控切割工位上完成，提高了条材的加工自动化水平，但使用数控切割方式加工条材相较于"龙门切割开板+手工切割"在加工效率上有一定程度的降低。

3.2.2　设计目标

围绕条材切割生产线的技术现状进行分析，针对条材切割生产线高效化、智能化的需求，基于智能制造技术，从条材切割智能生产线的布局设计、功能实现、技术要求、资源利用等方面，分析条材切割智能生产线的设计与智能控制技术，形成条材切割智能生产线。

3.2.3　生产对象分析

条材是分段制造的主要部材之一，其特点是数量多。大部分部材比较短小。传统的生产方式，包括划线、写字、开条、端部切割、打磨、分料等都是手工作业，效率低，生产周期长，容易出错，如图3-8所示。基于条材批量大且结构具备相似性的特点，设计研究条材智能切割生产线（以下简称条材线）集成方案，应用机器人进行切割、喷码作业，提高制作造船分段或部件所需条材零件的生产效率，保证切割质量和精度要求，同时减少作业人员的数量。

图3-8　船舶条材零件的传统生产方式

3.2.4　现场环境与能源介质分析

1. 现场环境

（1）环境温度：0~45 ℃。

（2）相对湿度：≤95%。

（3）振动：振动加速度小于 $0.5g$。

（4）控制柜电源和焊接用电源从电网变压器分别引出，配有独立的空气开关。

（5）控制柜必须分别接地，接地电阻小于 10 Ω。

（6）现场无腐蚀性气体。

（7）安全要求：生产线周围应设有安全围栏、安全门等，安全围栏、安全门与机器人之间有互锁功能。

2. 能源介质

（1）标准供给电压：AC 380 V（±10%）3 相 4 线制；电压波动范围：−15%～10%；频率：50 Hz。

（2）控制柜电源：15 kW×2 AC 380 V。

（3）切割用电源：60 A×2 AC 380 V。

（4）压缩空气：0.3～0.5 MPa，需配备专用设备滤出水、油及其他杂质。

3.2.5　工艺流程分析

通过分析国内外现状，紧跟国际先进前沿技术，以国内造船企业的实际需求为基础，选取国内外先进的典型条材智能加工生产线进行针对性研究，提出适应我国船舶行业特点的上料、划线、喷字、切割、下料的智能切割布局和流程。

以"龙门切割开板+手工切割"这种加工方式作为演变条材智能生产线的基础工艺原则，以此为基础去研究条材智能生产线的标准工艺流程。其标准工艺流程如图 3-9 所示。

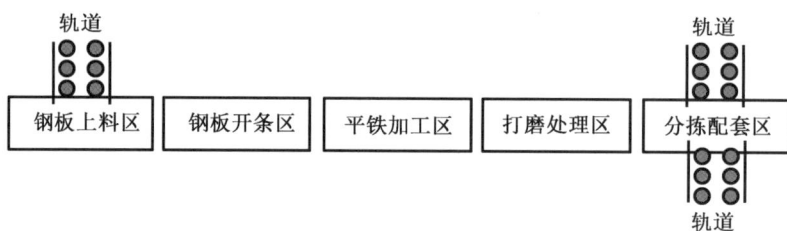

图 3-9　条材加工标准流程

1. 钢板上料区

将目标钢板通过轨道传送至钢板上料区，在该区域识别钢板信息，并与设计信息进行匹配，将匹配信息传递至下道工序。

2. 钢板开条区

在对钢板信息与设计信息进行匹配后，在钢板开条区按照钢板套料信息将整板切割成多根条材，并将条材排列顺序传递至下道工序。

3. 平铁加工区

对条材和设计信息进行匹配，在匹配成功后按照套料信息对条材进行切割，形成条材零件，并在切割完成后将零件信息喷绘在条材上。

4. 打磨处理区

根据设计信息对条材非焊接端进行边缘处理，以满足船舶相关规范要求。

5. 分拣配套区

按照船舶建造企业自订的相关零件配套原则，对加工完成的零件进行分拣和配套。

3.2.6 总体布局设计

根据条材切割的智能化、流水化生产需求,按照典型条材线的功能组成,并结合产能需求完成板材开条、进料、倒棱、喷码、切割、出料等典型工位的划分及各工位间的连接方式设计,提出条材线的总体布局设计方案,形成条材智能加工生产线总体方案。

条材线的总体生产流程为:条材通过上料系统上料后,被推送至送料系统辊道平台,夹持系统运作,联合送料系统进行条材测长,不同于条材切割线的是,条材切割进行一拖二套料,套料完毕后进行划线、喷字、切割,机器人切割完成后,出料系统运作,将条材送入下料系统辊道,自动分理系统将零件分理推送至下料平台。该生产线将实现条材加工的全过程自动化,整个流水线封闭布置,可以减小灰尘影响,降低噪声,一个操作工人通过控制面板即可控制整条流水线。

以某船厂为例,条材线空间布局为I形,条材线布置加工车间半跨,整条线采用一拖二的布置形式,占用车间长度约80 m,宽度约9 m。

根据上述平面布置方案,结合直线型生产作业流程,整个区域主要分为上料区域、送料区域、开条作业区、面作业区、机器人划线喷码区域、机器人切割区域及出料区域。上料区域主要用于将条材原料放置于合适的传送位置。送料区域采用半拣输送方式。机器人划线喷码区域用于添加装配标识,注明零件编号。机器人切割区域主要用于各条材的切割和开孔,确保切割质量和效率。出料区域主要用于切割完成后条材的分拣及输出。条材线车间工位布置如图3-10所示。

图3-10 条材线车间工位布置图

3.3　主要工位设计及设备配置

3.3.1　生产线工位设计方案

基于条材生产工艺流程,条材线可划分为钢板上料区、钢板开条区、平铁加工区、打磨处理区、分拣配套区等主要工位。各工位组成如图3-11所示。

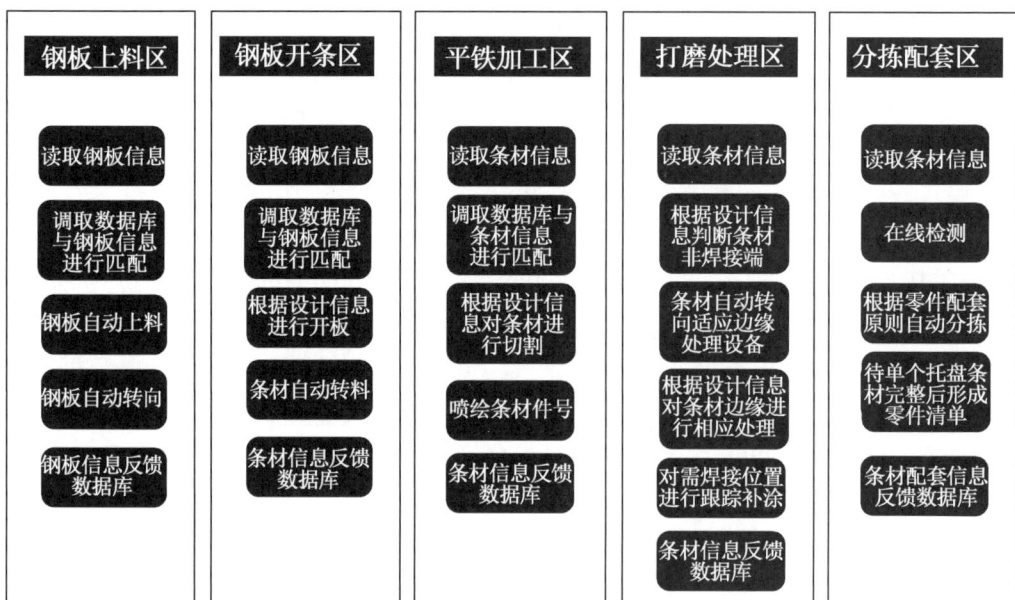

钢板上料区	钢板开条区	平铁加工区	打磨处理区	分拣配套区
读取钢板信息	读取钢板信息	读取条材信息	读取条材信息	读取条材信息
调取数据库与钢板信息进行匹配	调取数据库与钢板信息进行匹配	调取数据库与条材信息进行匹配	根据设计信息判断条材非焊接端	在线检测
钢板自动上料	根据设计信息进行开板	根据设计信息对条材进行切割	条材自动转向适应边缘处理设备	根据零件配套原则自动分拣
钢板自动转向	条材自动转料	喷绘条材件号	根据设计信息对条材边缘进行相应处理	待单个托盘条材完整后形成零件清单
钢板信息反馈数据库	条材信息反馈数据库	条材信息反馈数据库	对需焊接位置进行跟踪补涂	条材配套信息反馈数据库
			条材信息反馈数据库	

图 3-11　条材智能加工生产线各工位组成示意图

1. 钢板上料区

(1)读取钢板信息。通过激光扫描、图像识别等技术手段读取钢板自然信息,如炉批号、钢板材质、钢板主尺寸(长、宽、高)等。

(2)调取数据库与钢板信息进行匹配。调取系统数据平台中的设计信息,与目标钢板的自然信息进行匹配,避免出现错误。

(3)钢板自动上料。在信息确认无误后,将钢板转运至上料口。

(4)钢板自动转向。根据钢板开条方向,自动判定是否需要转板,如果需要则在上料口处进行转板处理。

(5)钢板信息反馈数据库。将在该工位所确认和操作的信息全部实时反馈至数据库中。

2. 钢板开条区

(1)读取钢板信息。再次读取钢板信息。

(2)调取数据库与钢板信息进行匹配。再次确认钢板信息与设计信息的匹配关系。

(3)根据设计信息进行开板。调取车间管控平台中的钢板套料信息,对钢板进行切割处理。

(4)条材自动转料。将切割完成的条材按照切割顺序向下道工序转运。

(5)条材信息反馈数据库。将在该工位所确认和操作的信息全部实时反馈至数据库中。

3. 平铁加工区

(1)读取条材信息。识别条材自然信息。

(2)调取数据库与条材信息进行匹配。调取集团数据平台中的设计信息,与目标钢板的自然信息进行匹配,避免出现错误。

(3)根据设计信息对条材进行切割。调取车间管控平台中的钢板套料信息,对条材进行切割加工。

(4)喷绘条材件号。在加工完成的条材上喷绘对应的件号。

(5)条材信息反馈数据库。将在该工位所确认和操作的信息全部实时反馈至数据库中。

4. 打磨处理区

(1)读取条材信息。

(2)根据设计信息判断条材非焊接端。由于条材非焊接端属于自由端,需要对其边缘进行处理,因此需要调取相应的设计信息判断出条材的非焊接端。

(3)条材自动转向适应边缘处理设备。根据判断出的条材非焊接端,自动转向机构将条材自动调整到相应位置,以适应边缘处理设备的作业需求。

(4)根据设计信息对条材边缘进行相应处理。调取设计信息,边缘处理设备根据设计要求对条材边缘进行处理。

(5)对需焊接位置进行跟踪补涂。

(6)条材信息反馈数据库。将在该工位所确认和操作的信息全部实时反馈至数据库中。

5. 分拣配套区

(1)读取条材信息。

(2)在线检测。对条材加工后的尺寸情况进行在线检测,并将检测数据反馈至后台数据库,对于不满足设计要求的条材予以示警。

(3)根据零件配套原则自动分拣。通过匹配条材信息和车间管控平台中的零件托盘信息,实现条材的自动分拣作业。

(4)待单个托盘条材完整后形成零件清单。在自动分拣作业完成后,形成条形码/二维码等信息标识,并自动贴附在零件托盘上。

(5)条材配套信息反馈数据库。将在该工位所确认和操作的信息全部实时反馈至数据库中。

3.3.2　生产线中对智能化的需求

条材切割智能生产线中,虽然整体作业原理采用"龙门切割开板+手工切割",但其整体过程的上料、信息识别、信息匹配、自主判断、定位、加工等一系列动作均无须工人直接参与,因此该生产线对智能化方面主要有以下几方面需求:

(1)生产线的操作系统平台与公司级数据库和车间级管控平台无缝链接,具备实时信息传递的能力;

(2)生产线各个工位、各个设备之间实现物联互通的信息传递;

(3)高精度检测机构能够在零件加工完成后实现对零件主要数据的检测,并完成与设计模型/数据的匹配工作,确保加工质量;

(4)生产线加工系统后台算法应具备进化能力,在加工过程中随着数据的不断积累,逐步形成高度预判和决策的功能。

3.3.3 设备配置分析

根据条材线的总体布局,梳理分析板材开条、进料、倒棱、喷码、切割、出料等典型工位可应用的智能制造装备及设施,本设计提出条材线的系统配置,主要包括传送系统、喷码机器人系统、切割机器人系统、集成控制系统及其他设施设备,详细如图3-12所示。

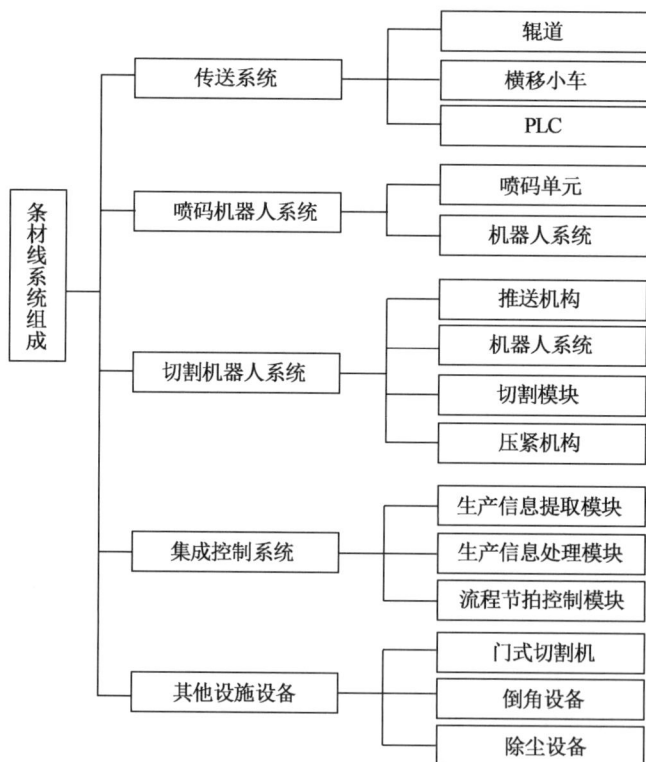

图 3-12 条材线主要系统配置

1. 硬件设备组成

条材线主要硬件设备组成包括板条火焰切割机、倒角设备及上卸料辊道、横移小车、横移上料输送辊道、喷码机器人、切割机器人和切割上卸料辊道等。喷码机器人、切割机器人各配置两套系统。生产线配备有现场控制电脑和控制屏,在板条上料侧和机器人切割侧各设置一部现场控制电脑。根据船舶条材切割工艺流程,其自动切割流水线主要硬件设备见表 3-1。

表 3-1　主要硬件设备

序号	设备类别	设备内容	数量	备注
1	传送系统	各工位工业辊道	1 套	
2	开条工位设备	门式裁条设备	1 套	
3		起重设备	1 套	
4	上料工位设备	缓冲平台	1 套	
5		桥式起重机	1 套	
6	倒角工位设备	倒角设备	1 套	
7	移运工位设备	横移升降台车	1 套	
8		起重设备	1 套	
9	喷码工位设备	机械臂及控制系统	2 套	
10		喷码机器人	2 套	
11		光电开关	2 套	
12		起停装置	2 套	
13		操作台及显示屏	2 套	
14	切割工位设备	机械臂及控制系统	2 套	
15		切割设备	2 套	
16		启停装置	2 套	
17		操作台及显示屏	2 套	
18	卸料工位设备	起重设备	1 套	
19	控制站	PLC	1 套	
20		工控机	1 台	
21		集线器	1 台	
22		报警灯	若干	

2. 设备参数

条材线主要硬件设备参数如下。

(1) 门式切割机

多头高精度门式切割机按设计要求将钢材切割为一定宽度的板条,如图 3-13 所示。

主要规格:

①切割枪数量:16 头。

②切割方式:火焰。

图 3-13　门式切割机

（2）倒角设备

由滚轮、上下前后移动装置、油压单元、控制盘和操作盘等构成,如图 3-14 所示。材料搬入板链线,清渣除毛刺,滚轮挤压 4 个 R 面。

图 3-14　倒角设备

主要功能:

①用圆形砂轮打磨切割后的条材,可 4 个面同时清渣除毛刺;

②倒角处理后搬出滚动式平台。

（3）堆料台和横向上料系统

链式输送带,包括电动驱动装置、4 个链导杆和框架钢结构,如图 2-10 所示。

主要规格:

①装载:2.5 t/根,总装载量 10 t。

②长度:16 m。

③链导杆外距离:10 m。

④输送速度:5 m/min。

（4）进料输送带

焊接框架结构,包括:工作台和定位调整机构;行走轨道和链条导向机构;推进式小车;工件夹持机构;数控的纵向驱动机构、电缆和电器开关。

主要功能：

①从堆料台和横向上料链处接收条材；

②将条材输送至切割位置；

③根据下一个切割位置，由数控控制条材将其输送到下一个切割位置；

④检测条材的长度。

主要规格：

①长度检测精度：±1 mm(无因温度影响产生的尺寸偏差补偿)。

②宽度：800 mm。

③长度：约 12 m。

④高度：900 mm。

⑤输送速度：30 m/min。

⑥负载：2.5 t。

(5)喷码机器人系统

①喷码机器人

a. 负荷质量：20 kg。

b. 本体质量：270 kg。

c. 构造：垂直多关节型(6 轴)，印字机器人附加 1 个外部轴。

d. 有效切割宽度：400 mm。

e. 有效印字/切割长度：8 000 mm。

f. 切割时有一个推行小车轴，共 7 轴联动。印字时有一个纵向行走轴，共 7 轴联动。

g. 动作范围：

• S 轴(旋转)：±180°。

• L 轴(下臂)：−110°~155°。

• U 轴(上臂)：−165°~255°。

• R 轴(手腕旋转)：±200°。

• B 轴：−50°~230°。

• T 轴：±360°。

②印字系统

a. 印字装置型号：PJ1B 1 型。

b. 文字尺寸：采用竖长文字。

c. 印字高度：喷嘴距钢板 10 m。

d. 印字方向：360°内任意角度。

e. 文字颜色：白色。

f. 文字种类：

• 英文 26 个字母；

• 阿拉伯数字 0~9；

• 常用字符(ASCII 字符集中的部分字符)；

- 特殊文字的扩充功能。

g. 主要功能：

- 字符打印；
- 参考线划线；
- 装配线划线；
- 双面逆直线划线。

h. 主要规格：

- 划线速度：最大 25 m/min。
- 字符标记、划线与切割同步进行。
- 线宽度：1~3 mm（手动可调）。

（6）切割机器人系统

①切割机器人（图 3-15）的技术参数同印字机器人。

图 3-15　切割机器人

②等离子切割系统

采用 KSK 自制 KP-400A 等离子电源。

a. 等离子电源装置形式：KP-4054。

b. 电源：3 相 380 V（±10%），50 Hz±1 Hz。

c. 容量：120 kVA。

d. 外形尺寸：750 mm（长）×1 000 mm（宽）×1 200 mm（高）。

e. 质量：约 295 kg。

f. 割枪形式：451-OPS。

g. 切割控制：自动调节。

h. 切割工作间尺寸：1.80 m（长）×1.75 m（宽）×2.45 m（高）。

（7）废料处理系统

废料处理系统包括工件输出传送带；废料小车；废料处理软件，将废料自动切割成较小的尺寸（如果需要再次利用废料，可以选择手动废料输出）。

①长度大于 300 mm 的废料（余料）由工件出料输送带送出。

②长度小于200 mm的废料直接掉入切割工作间下方的废料小车中。

③长度为200~300 mm的废料将被自动切割成较小尺寸的废料,再被废料小车送出。

(8)除尘系统

除尘系统包括通风装置、过滤系统、管道和电气系统。

主要功能:

①消除尘埃和废气;

②与切割同步的烟尘过滤。

主要规格:

①空气流量:约2 000 m³/h。

②过滤面积:约94.4 m²。

③被过滤的颗粒尺寸:>0.5 μm。

④尘埃:<2 mg/m³。

⑤电力要求:约4.0 kVA。

⑥压缩空气:约6.5 bar(1 bar=100 kPa)。

(9)工件出料输送带

焊接钢结构包括带式输送机构,滚轮、齿轮、链条和轴承,数控驱动装置,电缆以及电气开关。

主要规格:

①长度:约12 m。

②宽度:625 mm。

③高度:900 mm。

④输送速度:30 m/min。

⑤负载:2.5 t。

(10)侧向下料机构

侧向下料机构由电动驱动系统和气动推杆系统推动4组气缸推杆,将工件送至下料储存台。

主要规格:

①长度:约12 m。

②宽度:约650 mm。

③高度:900 mm。

④负载:2.5 t。

(11)下料储存台

下料储存台由焊接钢结构、奥氏体不锈钢制成,如图3-16所示。

主要规格:

①长度:约12 m。

②宽度:约650 mm。

③高度:900 mm。

④负载:2.5 t。

图 3-16 侧向下料机构下料储存台

3.4 生产线控制系统设计

3.4.1 系统设计

条材切割生产线控制系统能够操控生产线上所有执行设备,实现不同条材的夹持、输送、定位、切割等功能的全自动流水式生产。控制系统的核心是切割工位控制系统,它能够自动对条材测长,自动套料,之后自动调用相应的切割工艺参数,完成对不同条材的切割及开孔等。条材切割生产线控制系统主要由套料系统、机器人系统、测量系统、主控计算机系统、切割打印系统以及辅助系统等子系统组成。其控制系统结构如图 3-17 所示。

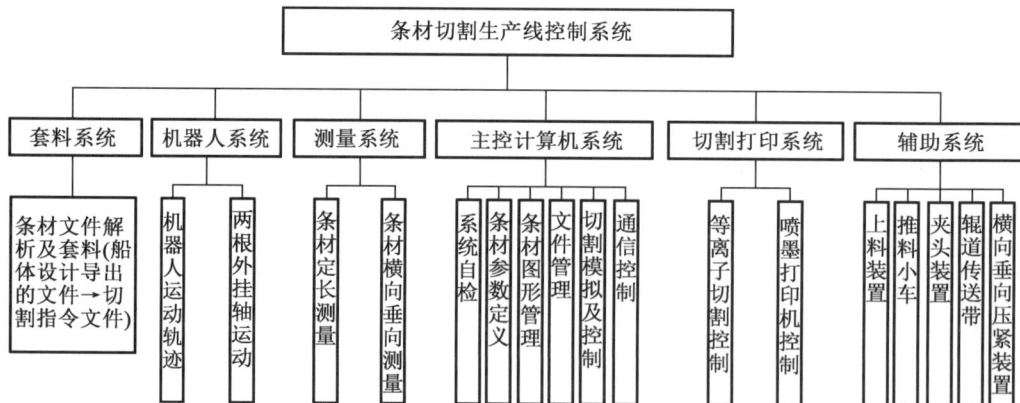

图 3-17 条材切割生产线控制系统结构图

其中,套料系统主要是将船体设计导出的文件转换为切割指令,给出条材的套料切割方案。机器人系统主要是控制两根外挂轴的运动,包括纵向导轨推车以及横向喷码打印。测量系统主要是对条材进行测量,通过原点及零位位置、伺服电机位置对条材进行测量,包括尺寸测量、变形量测量及补偿、高度测量等,并能实时跟踪测量结果。主控计算机系统主要负责系统自检、条材参数定义、条材图形管理、文件管理、切割模拟及控制、通信控制。切割打印系统主要控制等离子切割及喷墨打印,控制等离子起弧,根据设定弧压进行高度控制,喷墨打印时传送信息,控制喷墨打印机构行走。辅助系统主要控制上料装置、推料小车、夹头装置、辊道传送带及横向垂向压紧装置。

3.4.2 切割工艺数据库

1. 工艺参数分类

一方面研究条材构件的智能化切割所需的工艺参数分类技术,根据不同条材端切的特征进行分类,以适应设计、切割加工的需要。提出条材规格参数、端头形状及尺寸参数、坡口类型及参数、划线形状、内孔种类及参数、边缘角隅形式及参数的数字化表示方法。

另一方面可以通过端切连接形式进行研究,根据是焊接还是自由方式连接确定船体条材端切形式分类,研究离线编程技术,将焊接构件焊接路径预先编入数据库,切割时直接调用,也可修改,无须示教,以达到快速切割的目的。数据库有两种:一种是基本特征程序库,包括一些图形的基本元素,如直线、圆或圆弧、方形、梯形等;另一种是标准图形程序库,包括条材的各种常用切割图形或切割样式。作为研究的重点,标准图形程序库是提高加工效率的重要手段。

(1)船体条材智能切割端部形式分类

船体条材种类繁多,不同类型的船体条材,其端切形状及几何参数也是不同的。每种条材因为端切形状和几何参数的不同有多种端切形式,所有类型的条材端切形式有几千种,应先按照条材的类型进行分类。每种条材端切形式再按照端切的几何形状进行分类(不考虑端切参数大小变化),形成不同的端切形式分类。

端切形式及开孔形式可以分为两大类:第一类是基本特征数据库,主要是一些图形的基本元素,如直线、方形、圆、圆弧等,用户可以根据这些基本元素图形生成自己想要的切割形式。但是这种方式自动化程度低,对人工操作要求高。所以重点在于开发标准图形数据库(第二类),即根据条材常用的切割图形及切割样式,形成针对不同条材种类的切割样式。这样切割时可以直接调用数据库中的端部及开孔形式,达到真正的离线编程。

(2)船体条材智能切割工艺参数研究

①基本参数:条材规格、长度、宽度、校正角度、起始位置、旋转角、镜像、补偿量、整圆精度参数。

②速度参数:工作速度、移动速度、转角速度参数。

③喷粉参数:点火、氧燃气等喷粉参数。

④等离子参数:引弧、穿孔离子参数。

2. 工艺数据库选型

SQL Server 体现了微软产品的一贯特点——上手快,编程方便;提供了存储过程、触发器、丰富的函数、图形化的管理界面、自动维护的计划任务与开发工具的集成等。SQL Server 与 Visual Studio 开发工具集成,开发效率高。MySQL 可配置性很好,基于文本文件,细而清晰。鉴于 MySQL 的安全配置比较透明简单,权限明确,不易出现漏洞,因此本研究选用 MySQL 数据库。

3.5 应用案例

3.5.1 条材线布置方案

条材线总体布置根据各船厂实际生产需求设计提出,用于船舶建造中各种形式条材的切割这一重要工序的流水化智能生产作业。条材线加工工艺流程中,"喷码"和"机器人切割"工序耗费时间较长,约为其他工序的 2 倍,属于整线的瓶颈工序,为了保证条材线产能的平衡和生产的连续性,本设计采用"一拖二"的方式,如图 3-18 所示。

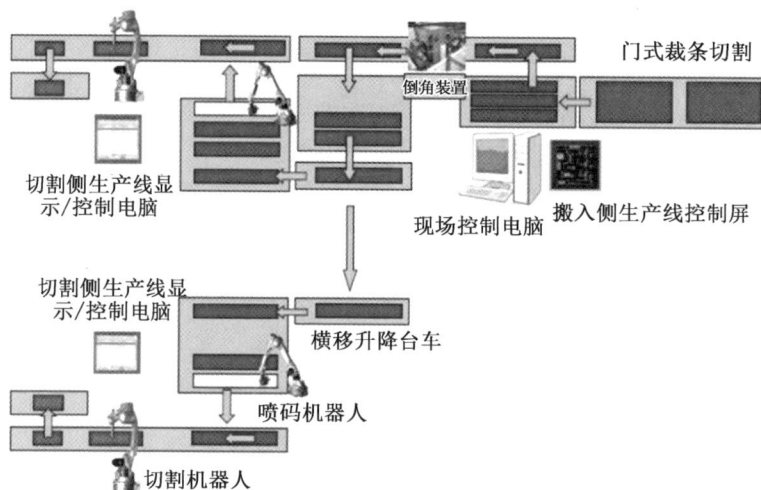

图 3-18 条材线一拖二布置方案

3.5.2 设计产能

条材线采用一拖二的布置方案,整个生产线的后半段,从机器人喷码开始分为 2 条线,用于自动切割和卸料。条材线占地约 73 m×9 m,设计生产能力为每 16 h 开条板材 30 块,生产 250 根条材,原材料长度 3 000~8 000 mm,成品长度 300~8 000 mm,成品宽度 80~400 mm,成品厚度 6~35 mm,作业效率比传统作业方式(人工)大幅度提高,见表 3-2。

表 3-2 条材线设计产能对比表

对比项	传统作业方式	条材线
作业效率	9 h/张	3.5 h/张
生产周期	3 天/分段	1 天/分段
配员	22 人	8 人
效果	条材线设计加工质量稳定,错误率低	

3.6 本章小结

通过分析条材线的工艺流程,提出其布置方案。以船厂为例,按照设计产能的要求,设计条材线车间布局,提出条材线主要系统配置,并在此基础上,进一步明确了条材线的组成和主要技术参数。围绕条材线的工艺流程、设计布局和设备选型等方面进行分析,面向条材生产线数字化、智能化需求,重点开展集成控制系统设计、加工过程数据采集与处理、条材生产过程管控等方面分析,形成条材线集成方案。

第4章　船体小组立智能生产线设计与智能控制技术

4.1　概　　述

船舶建造过程中的小组立制造由于具有结构较为简单、精度较易控制等特点,有提前实现智能化、机械化生产的先决条件,因此利用智能化管理技术、自动机器人焊接技术等来制造和管理小组立是智能化生产的突破点。面向中间产品对船体结构进行工程分解,形成类型相似和量大的部件,为流水线作业创造条件。小组立智能制造应用成组技术,通过分类和分道实现部件批量化作业,可大大降低焊工等级,提升生产效率和焊接质量;可大量减少作业人员,从而降低对作业人员的依赖度,提高作业的安全性。

4.2　总 体 设 计

4.2.1　现状分析

1. 国外小组立生产线现状

随着科技的进步及经济的发展,各国大力发展机器人在船舶行业的应用。在国外,工业焊接机器人发展较早,技术也较成熟,焊接智能化技术水平也越来越高,现代造船逐步用自动化设备代替人工进行各种加工,用智能化设备代替脑力劳动。日本在20世纪70年代就提出无人化船厂概念。1978年,日本造船工人有7万,目前已减少到2万,人员大幅减少的主因就是船厂应用了大量自动化设备。通过对自动化设备的应用,造船成本大幅降低,弧焊机器人在各工业领域得到了广泛的应用。20世纪90年代,韩国大力改善造船模式,引进大量先进造船技术,利用自动化设备和机器人对造船设备进行改进,实现无人化生产。美国大力投资开发船厂用机器人及其系统,实现船舶生产自动化,根据生产要求,进行机器人模块组合,完成各种具体的任务,同时具有适应各种环境的能力。奥地利 IGM 公司生产的轻便型门架式小组立智能焊接机器人系统在丹麦船企集装箱船制造中成功得到应用,机器人系统是整个工业机器人应用的核心。芬兰 PEMA 焊接公司拥有现代造船和海洋工程钢材加工机械化和自动化的资源,作为预处理和生产线及焊接工位领域的领先供应商,PEMA 能帮助其用户有效益地制造较高要求的产品。PEMA 焊接和预处理技术方案能够提供高水平的自动化应用,提升钢材加工物流的生产灵活性,提高工作效率,并提高操作人员的舒适度与安全性。PEMA 所用的 VISION 视觉系统,可以向用户提供工件快速编程,8 h 一班的焊接作业,只需花 30 min 编程,在一个班次内 VISION 机器人可以焊接约 160 m 焊

缝。其门架机器人系统可有效提高钢板平面分段生产线的生产效率。韩国和日本虽不及
欧洲智能化程度高,但其小组立零部件的机器人智能焊接技术已很成熟。日本川崎重工在
应用小组立焊接机器人后,原来小组立生产线上需要的30人可以精简到3人。国外已建成
小组立流水线如图4-1所示。

图4-1　国外已建成小组立流水线

韩国三星造船厂、韩国大宇造船海洋株式会社和荷兰 Kranedonk 公司小组立流水线已建
成并投入使用。韩国三星小组立流水线的控制系统由生产线控制系统和智能控制器组成。生
产线控制系统包括视觉识别、规划监控、离线编程和控制终端。控制系统可通过无线、网络、集
线器相连,并把控制信号传递给智能控制器。智能控制器是现场的核心,既接收控制信号,同
时又接收各个工位的反馈信号。焊接作业对象有三种类型:水平直线角焊缝、水平曲线角焊
缝、垂直直线角焊缝和水平对接焊缝。韩国大宇造船海洋株式会社和荷兰 Kranedonk 公司小
组立流水线与韩国三星造船厂类似。

2. 国内小组立流水线现状

(1)小组立传统作业方式现状

如图4-2所示,小组立传统作业方式是将钢板在定盘上全面铺开,从托盘中寻找出相应
的加强筋,对板材进行划线,通过点焊的方式将筋和板一块一块地装配,然后进行焊接、翻身、
背烧、打磨。由于此种生产方式投资较少,我国几乎所有造船企业在小组立生产过程中仍采用
传统手工装焊方式进行作业。但此种生产方式占地面积大,制造周期长,质量不稳定,自动化
程度不高,大多没有形成智能化流水作业,生产效率远远不能满足现代造船企业的需要。

(2)小组立机器人焊接生产线现状

①小组立机器人焊接在非船企业的应用情况

我国小组立智能化焊接系统虽然发展比较缓慢,在造船企业中应用不广泛,但在中铁
山桥集团有限公司、上海振华重工(集团)股份有限公司等非船企业中已经得到了应用。中
铁山桥集团有限公司小组立钢结构从装配到焊接全部实现自动化生产,共有11个自动化焊
接系统,包括3个U肋板单元装备系统、6个U肋板单元焊接系统及2个横隔板单元焊接系
统,共38套机器人本体。装配焊接充分利用自动化焊接系统和设备完成生产,体现了无人
化管理,看不到手工自动焊接和任何形式的半自动焊接设备。只需将部件吊装到工位气动

系统就可以让系统自行焊接,无须工人在一旁监测装配焊接,小组立钢结构生产线已经基本实现无人化管理。如图4-3所示,在桥梁钢结构制造中,横隔板单元和肋板单元结构形式与船体某些结构形式极其相似。船厂完全可以在相似的部件制造中采用相似的自动化生产形式。

图4-2 小组立传统作业方式

(a)肋板装配

(b)板单元焊接

(c)横隔板焊接

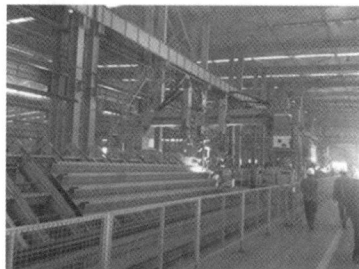

(d)肋板焊接

图4-3 横隔板单元和板单元焊接

②小组立机器人焊接在造船企业的应用情况

我国造船企业小组立机器人焊接生产线仍处于初级阶段,当前仅有南通中远海运川崎船舶工程有限公司配备一条先行小组立机器人焊接生产线(图4-4)和一条小组立机器人智能流水线。

小组立机器人焊接生产线在2014年下半年正式投产。该生产线通过U形布置的方式,使员工的移动距离大大缩短;该生产线共有6个工位,囊括了装配工位、定位工位、机器人焊接工位、修补工位、自动火工工位及移出工位,使工件传输和焊接智能化技术得以实现,同时自动背烧、自动工件出料技术也应运而生;整条生产线,除了需要手工进行装配、补焊,其余工序全部自动化,在此基础上,只需配备一位操作工即可满足生产需求。小组立机器人焊接生产线生产出的小组立工件质量稳定,成形美观,焊脚控制良好,极大提高了小组立工件质量。

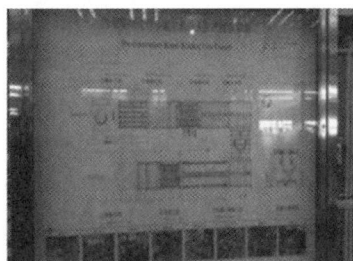
(a)流水线U形布置

(b)装配工位

(c)定位工位

(d)机器人焊接工位

(e)修补工位

(f)自动火工工位

(g)移出工位

图4-4　先行小组立机器人焊接生产线

小组立机器人智能流水线研发投入1 000多万元,于2015年12月正式投入生产。全线长84 m,包括4台焊接机器人。4台焊接机器人能够单独焊接,也能互相配合作业。针对部材大小,机器人可以灵活调整以应对各种情况。该流水线采用直线型布置,包括装配工位、机器人焊接工位、修补工位、自动火工工位及移出工位。一天共有两班,单班每天能够焊接220~300 m,一天能够焊接500多米。整条生产线只需要4人就能正常运转,虽然比原计划多1人,但产量相比过去的人工生产得到了一定提高,且焊接质量稳定,成形美观,焊脚控制良好,极大提高了产品质量。

(3)小组立机器人装焊生产线的优势

通过对中远海运川崎船舶工程有限公司的调查研究,将小组立焊接生产线情况与传统作业方式进行对比,小组立生产效率得到极大提高,生产连续性得到加强。

除此之外,小组立机器人焊接流水线的成功应用,不仅使中远海运川崎船舶工程有限公司实现了小组立产品的智能制造,保障了产品质量的稳定,缩短了加工周期,极大地提高了生产效率,而且使其在管理水平上得到进一步提升,初步建立了以数字化、模型化、自动化、可视化、集成化为特征的智能造船和精益管理体系,真正做到研发、设计、生产、管理等环节全面融合、协同运行,能够对车间的每日制造数据进行跟踪、分析,实现工装自动化、工艺流水化、控制智能化、管理精益化。

4.2.2 设计目标

为了解决现有小组立生产线自动化程度不高、人工焊接质量缺陷率高等问题,建设小组立智能生产线。建设完成后,将大大提高生产效率,节省人工成本。采用焊接机器人,可以提高焊接质量,保证质量的一致性,容易控制产品质量;生产节拍可控,产品周期明确。

(1)考虑产品的使用环境因素,加强可靠性、维修性、安全性,确保产品满足相关环境的使用要求。

(2)在满足系统性能指标的前提下,尽量简化配置,降低软硬件成本,提高设备的竞争力。

(3)在研制中尽量采用成熟技术,以缩短研制周期,降低技术风险。

4.2.3 生产对象分析

船舶小组立智能生产线可生产除特殊结构形式(带曲边、折边、拼板对接,以及可能导致焊枪或机械臂干涉的特殊小组立结构、补板全位置)以外的小组立工件,包括钢壳纵横隔板,具体的生产对象信息见表4-1。船舶小组立智能生产线主要用于船舶小组立的自动焊接,从上料、焊接、修补、背烧、出料全部自动化完成,焊接范围包括筋板与基板件的平角焊缝、包角焊缝、立向上焊缝,可达到高效率、过程连续、长期稳定的焊接质量,同时可大幅度降低工人劳动强度。图4-5所示为当前几种常见的焊接类型。

表4-1 船舶小组立智能生产线的生产对象信息

名称	工件
尺寸范围(长×宽)	1 500 mm×1 500 mm~18 000 mm×8 000 mm
最大通过高度	1 500 mm
最大立焊高度	1 500 mm

表 4-1(续)

名称	工件
板厚范围	8~30 mm
装配角度误差范围	90°±5°
材质	结构用钢(A~EH40、Q345B~Q420C)
焊接类型	平角焊、立角焊、包角焊
焊脚高度	3.5~8 mm
装配间隙	≤2 mm
表面要求	工件表面无油污、锈层等

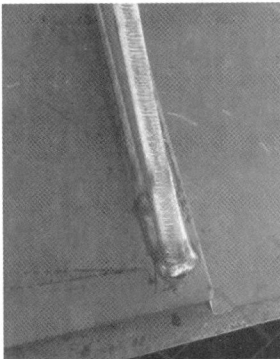
(a)包角焊

(b)立焊

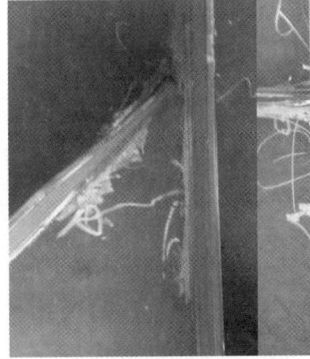
(c)V形包角焊

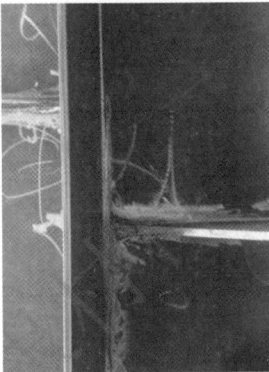
(d)T形焊

(e)型材焊接

(f)边缘焊接

(g)肋板焊

图 4-5　常见的焊接类型

4.2.4 现场环境与能源介质分析

1. 现场环境

(1) 环境温度: $0 \sim 45 \, ℃$。

(2) 相对湿度: $\leqslant 95\%$。

(3) 振动: 振动加速度小于 $0.5g$。

(4) 机器人控制柜电源和焊接用电源从电网变压器分别引出, 配有独立的空气开关。

(5) 控制柜必须分别接地, 接地电阻小于 $10 \, Ω$。

(6) 现场无腐蚀性气体。

(7) 安全要求: 机器人焊接工作站周围应设有安全围栏、安全门等, 安全围栏、安全门与机器人之间有互锁功能。

2. 能源介质

(1) 标准供给电压: AC 380 V (±10%) 3 相 4 线制; 电压波动范围: $-15\% \sim 10\%$; 频率: 50 Hz。

(2) 机器人控制柜电源: 15 kW×2 AC 380 V。

(3) 焊接电源: 60 A×2 AC 380 V。

(4) 压缩空气: 0.3~0.5 MPa, 需配备专用设备滤出水、油、杂质。

(5) 焊接保护气: CO_2, 纯度大于95%; 压力: 0.17~0.25 MPa; 气体流量: 12~30 L/min。

(6) 机器人焊接使用无缝药芯焊丝。

4.2.5 工艺流程分析

船舶小组立智能生产线在传统制造时按照进料→焊接→修补→背烧→卸料的工艺流程进行操作。而采用机器人焊接时, 考虑提升生产效率, 通过将生产工艺流程转化为流水线上每一个工位, 使小组立工件的位置随着工艺流程变化发生流动, 而原有的各工艺流程依照流水线的方式布置。各个工位主要有上料与装配工位、机器人焊接工位、检查修补工位、背烧工位、卸料工位。生产线按照工艺流程顺序进行布置, 避免物流交叉。小组立工件组焊时, 在装配工位事先人工点固焊, 提高工效, 然后通过选取定位点, 读取系统中小组立工件模型信息, 在机器人焊接工位按照设计的焊接工艺顺序实现机器人自动焊接。在检查修补工位检验小组立工件的焊接质量, 对焊接有缺陷的工件进行手工修补, 提升焊接质量。焊接过程中可能产生应力和变形, 通过在背烧工位对小组立工件进行背烧, 消除残余应力, 修正局部变形。小组立以一个个零件的形式进入流水线, 从流水线上出来变为合格的小组立产品。船舶小组立智能生产线生产工艺流程如图 4-6 所示。

上料与装配工位 → 机器人焊接工位 → 检查修补工位 → 背烧工位 → 卸料工位

图 4-6 船舶小组立智能生产线生产工艺流程图

4.2.6　总体布局设计

如前所述,船舶小组立智能生产线主要包括上料与装配工位、机器人焊接工位、检查修补工位、背烧工位、卸料工位。其中前期焊接工位配置 2 个 3 自由度门架、4 个 6 自由度焊接机器人,采用线激光实时跟踪焊缝,根据工件焊缝直线度偏差,自动调整焊接路径,实现基于 3D 激光扫描自适应编程方式及基于模型离线编程方式进行焊接作业(包括平角焊、立角焊、包角焊);后期焊接工位实现 2 个门架、4 个机器人自动分配任务功能。最后小组立以一个个零件的形式进入流水线,从流水线上出来变为合格的小组立产品。船体小组立智能生产线设计如图 4-7 所示。

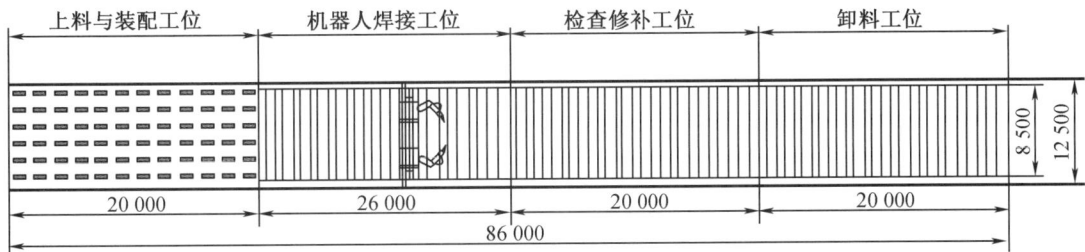

图 4-7　船体小组立智能生产线设计

4.3　主要工位设计及设备配置

4.3.1　上料与装配工位

1. 工位设置

上料与装配工位功能包括工件托盘堆放、组对、电焊及输送等作业。其作业流程如下:

①操作工利用起吊设备将工件运送到装配平台上;

②操作工在装配平台上将基板、筋板和肘板进行组对和人工点焊;

③装配完成后启动上料与装配工位辊道,装配平台下的输送轮升起,将工件输送至机器人焊接工位。

上料工位主要通过自动行车摆放到平台上,由输送机构运输传送;主要使用辊筒自动输送装置,采用行车上料。

装配工位主要进行工件的装配及点焊工作,使工件固定,以便于进行后续工位的操作。对于复杂小组立工件(比如异型件等)进行人工装配,对于规则小组立工件进行机器人自动装配。

(1)人工装配工位

人工组对点焊主要焊接辅助设备,工人通过焊接辅助装置对部件进行点焊作业,焊接辅助装置主体机构上有两个可以移动的滑槽,辅助装置搭载焊接机构的两个悬臂梁可以沿着滑槽上下移动,调整焊枪的最佳位置,便于工人进行人工点焊。人工组对点焊工位示意图如图 4-8 所示。

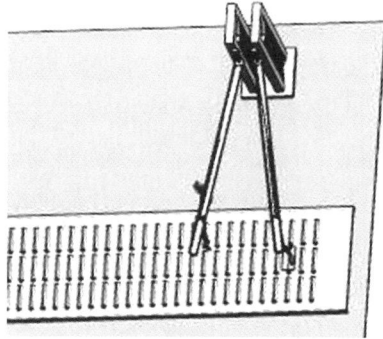

图 4-8　人工组对点焊工位示意图

（2）机器人自动装配工位

机器人自动装配工位主要通过装配机器人末端支架上的视觉装置拍摄来料平面板的划线信息,获知需要装配的筋板长度,自动从工具架上快速选取相应的夹头工具,在集成托盘内自动抓取构件,在小组立的母板上按要求自动进行定位装配。装配完成后,装配机器人末端支架上的焊接机器人自动进行筋板的定位点焊作业,如图 4-9 所示。

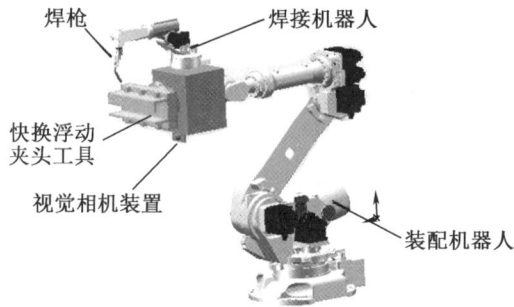

图 4-9　装配机器人示意图

其系统自动装焊小组立如图 4-10 所示。

2. 设备组成及配置

（1）平台:约 20.0 m（长）×8.5 m（宽）×0.8 m（高）上料装配平台 1 段。配备可升降传送轮,方便人工装配作业。

①防护等级:IP23。

②驱动方式:伺服驱动。

③驱动电机:德国 SEW 或同等设备。

④配备装配焊接服务门架和气体保护焊接设备。

⑤上料传送轮手动启停开关。

(a)机器人视觉拍照

(b)系统RFID射频读取托盘信息

(c)集成托盘工装定位

(d)装配机器人抓取筋板

(e)机器人装焊小组立

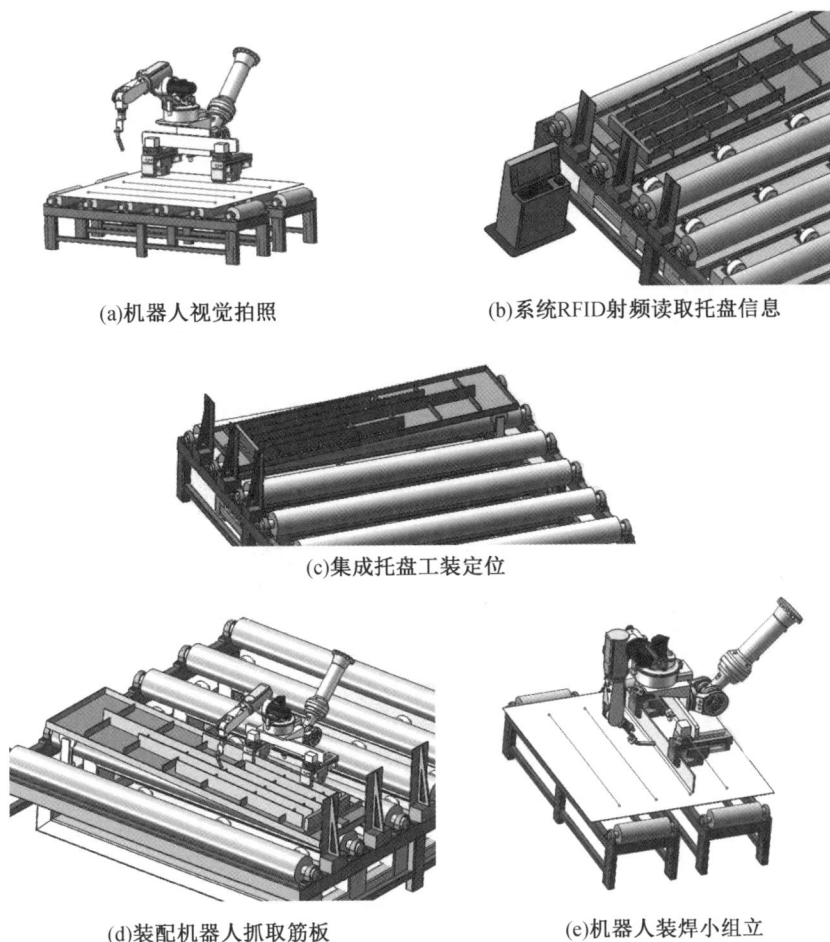

图4-10　自动装焊小组立

（2）桥式起重机：

①额定起重量：5 t。

②起重机等级：A3～A4。

③防护等级：IP23。

（3）手工焊机等人工装配和定位焊接设备。

（4）上料传送轮手动启停开关。

4.3.2　机器人焊接工位

1.工位设置

机器人焊接工位是整条流水线的核心工位，设备数量多，系统较为复杂。设备主要包括双机器人、龙门架、机器人旋转装置、焊接电源、送丝装置、清枪剪丝装置、冷却水循环器、防撞器、系统集成控制箱及安全围栏等。小组立工件运动到该工位，对机器人进行定位，然后机器人对小组立工件进行焊接，通常是设置双机器人同时进行焊接（平角焊及包角焊）。机器人焊接速度根据焊接工艺调整。

小组立焊接工位针对需求所设计的小组立焊接系统立于两条导轨之上,能够进行前后12 m范围的移动。机器人肩部主体梁长约9 m,主体梁离地面高度约6 m。其两个臂可在肩部主体梁上进行独立的水平移动,臂在主体梁上的移动范围为7 m。机器人的每个独立臂都能够在主梁上进行离地面2~4 m高的运动。除了在机器人主梁上进行水平和高低两个方向的移动,每个独立臂具有6个能够旋转的关节。通过对6个旋转关节的控制,可满足机器人依据焊接工艺实现精确轨迹控制的需要。门架机器人具有17个关节。小组立焊接如图4-11所示。

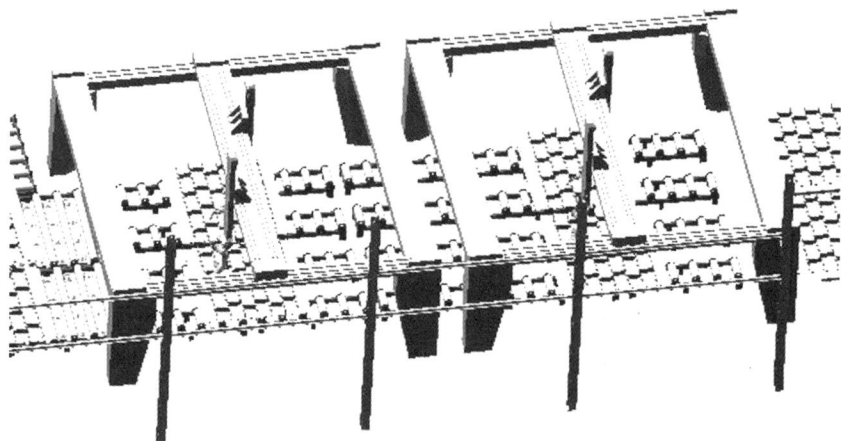

图4-11 小组立焊接

待焊接工件经物流系统输送至焊接工位的胎架上时,启动三维场景扫描系统对目标工件进行扫描后,自动识别定位焊缝位置,引导机器人及龙门架按指定姿态运行至工件附近,开启焊缝跟踪装置对焊缝位置进行微调,确定焊缝起点精确位置,并匹配工艺库数据进行自动焊接。为了保证自动焊接质量,在每道焊缝焊接之前进行剪丝处理,焊接之后进行清枪处理,焊接完成后按照规划路径进入下一道焊缝,如此循环,直至所有焊缝焊接完成。

龙门架上安装有机器人焊接系统和场景扫描系统。其中机器人焊接系统包括工业机器人及其电控柜、成套焊接设备、剪丝及清枪设备等,工业机器人上除了安装焊枪,还配有碰撞传感器及焊缝跟踪设备等感知传感器。场景扫描系统是焊接工位的核心部件,其设备支架安装在门架Z轴末端附近外侧,实现场景扫描、三维重建、焊缝自动识别定位等功能。其工作流程如图4-12所示。

门架系统由2台6自由度机器人、2组平动移动吊臂、大范围平动移动平台及机器人、移动平台的配电柜组成,保证了6自由度机器人在此类大型场景中作业的柔顺性及可达性。门架系统如图4-13所示。

场景识别系统硬件架构如图4-14所示。场景识别系统由24 V开关电源、相机输入/输出(I/O)模块、交换机、触发源、工业相机、滤光片、激光器、支架、工控机等部件组成。

两台相机彼此独立地采集图像,通过触发模块中的外部触发源来实现同步,二者共用一个矩形脉冲信号,因此保证了这两台相机采集图像的动作同步。

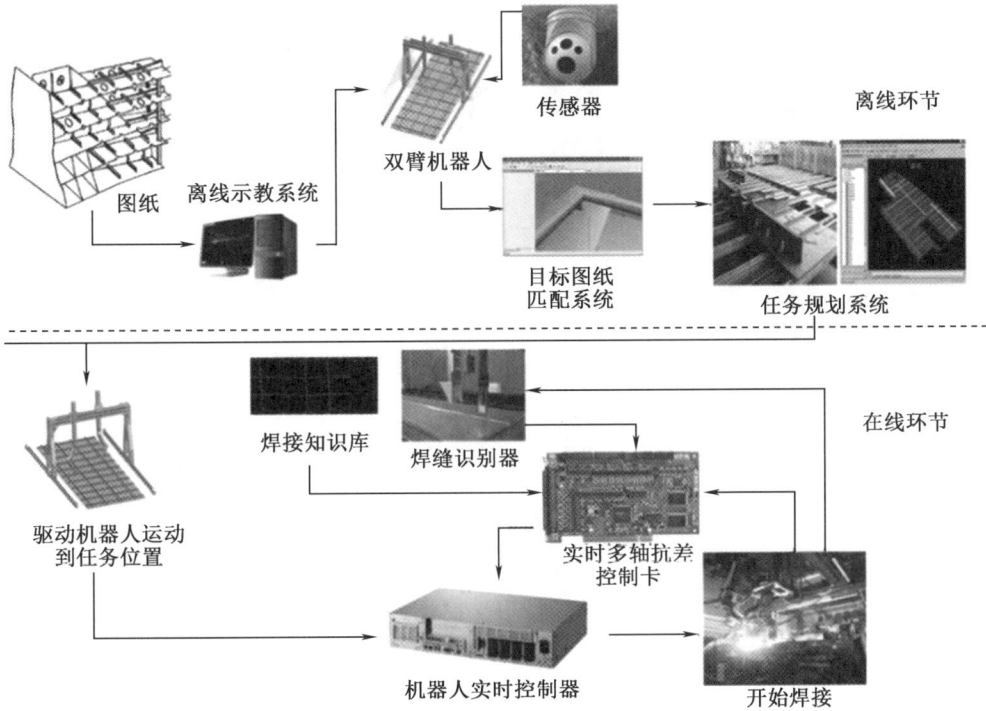

图 4-12　小组立焊接机器人系统工作运行过程图

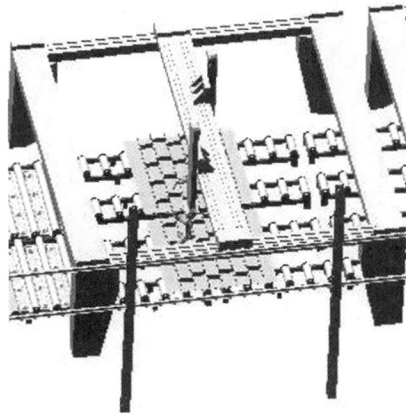

图 4-13　门架系统

2. 工作流程

焊接工位采用龙门式双臂机器人结构形式,以及"线激光扫描+场景重构+点激光(线激光)精确定位+电弧跟踪"的系统控制流程,其工作流程如图 4-15 所示。装配工位完成焊接前拼板点焊后,龙门架开始在工作范围内扫描,获取场景三维点云图,根据点云图提取目标、识别焊缝,自动进行焊接路径及焊接姿态规划,并驱动龙门架及机器人接近焊缝起点;此时焊缝跟踪装置开始工作,识别焊缝精确位置并纠正偏差,使定位精度控制在 0.5 mm 以下,实时纠正焊缝偏差进行焊接工作,一道焊缝完成后收回机械臂,运动至下一道焊缝继续进行焊接操作。

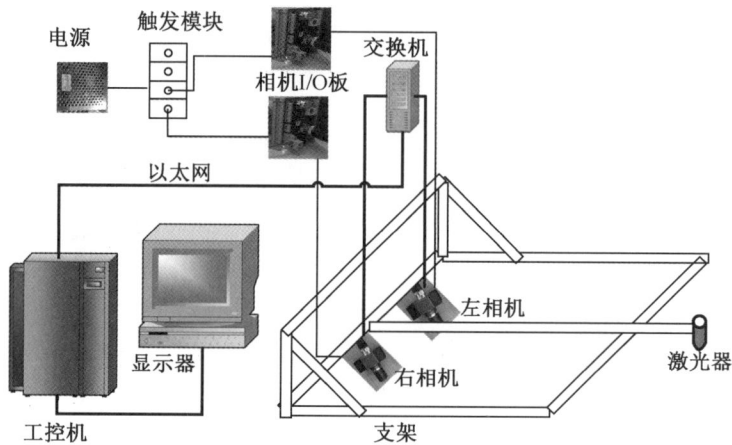

图 4-14　场景识别系统硬件构成

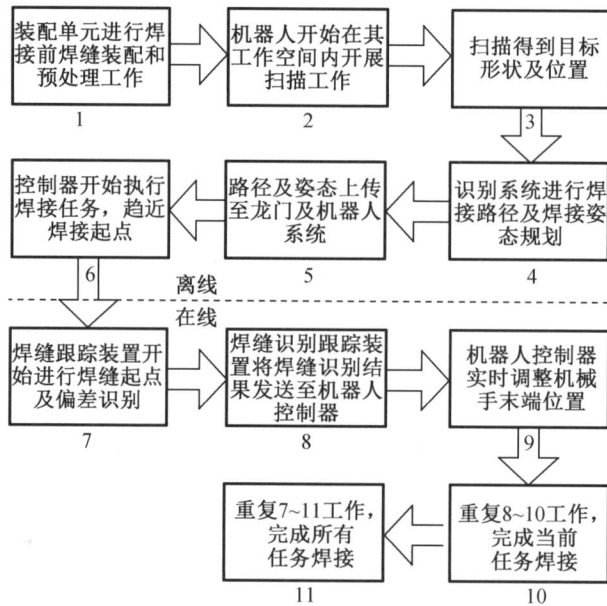

图 4-15　焊接工位工作流程图

场景识别系统工作流程如图 4-16 所示,首先建立系统通信,读取系统配置文档、解析控制系统位置姿态信息;其次设定扫描系统初始化参数及双相机拼接矫正设置;再次控制门架系统运动,采集扫描信息进行重建;最后根据重建模型识别焊缝并自动进行规划,从而驱动机器人结合焊缝跟踪系统进行焊接。

3.设备组成及配置

(1)辊道:约 26.0 m(长)×8.5 m(宽)×0.8 m(高)圆柱形工业辊道 1 段。

①防护等级:IP23。

②驱动方式:伺服驱动。

③驱动电机:德国 SEW 或同等设备。

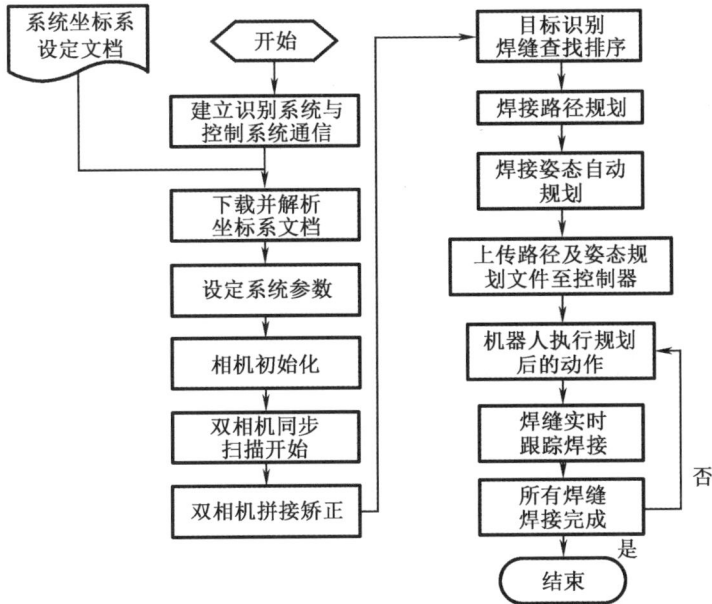

图 4-16　场景识别系统工作流程图

(2) 型号

SR10C 新松机器人及控制器。

①规格:6 轴主关节型机器人。

②最大可搬质量:7 kg。

③数量:2 套。

④防护等级:IP56。

(3) 焊接电源

①品牌:林肯。

②数量:2 套。

③尺寸:1 200 mm×545 mm×1 190 mm。

④最高电源电压:400 V。

⑤电流范围:15~400 A。

⑥防护等级:IP23。

(4) 送丝装置

①品牌:林肯。

②规格:最大送丝速度 30 m/min,直径 1.2 mm 药芯焊丝。

③数量:2 套。

④防护等级:IP23。

(5) 焊枪

①品牌:TBI。

②数量：2套。

③防护等级：IP23。

（6）焊接相关附件

①冷却水循环装置：2套。

②自动清枪装置：2套。

③气体流量计：2套。

④气压传感器：2套。

⑤弧压跟踪装置：2套。

⑥防护等级：IP23。

（7）机器人门架

①类型：悬挂式机器人行走门架。

②驱动方式：伺服驱动。

③自由度：3。

④行走速度：扫描作业时为 0.2 m/min，焊接作业时为 0.4 m/min。

⑤数量：1套。

⑥防护等级：IP23。

4.3.3 检查修补工位

1. 工位设置

检查修补工位是小组立智能生产线的焊接质量检测工位，由操作工根据经验进行检测，检测从上一道机器人焊接工序出来的小组立工件是否符合焊接要求，对存在缺陷的小组立工件进行手工修补，检测合格的小组立工件流入下一道工序。

检查修补工位对焊接完成的工件进行焊渣清理、焊缝检验及修补打磨等作业；操作工需对焊接完成的工件进行修补作业。

2. 设备组成及配置

（1）辊道：约 20.0 m（长）×8.5 m（宽）×0.8 m（高）圆柱形工业辊道。

①防护等级：IP23。

②驱动方式：伺服驱动。

③驱动电机：德国 SEW 或同等设备。

（2）人工修补打磨设备：配备装配焊接服务门架和气体保护焊接设备、气动砂轮机及其他修补设备。

4.3.4 背烧工位

1. 工位设置

由于小组立工件在机器人焊接过程中会产生变形或应力集中现象，必须通过火工方式对其进行矫正。背烧工位就是对修补完成后的小组立工件进行火工矫正，直接自动背烧，以消除应力。通常在焊缝背面进行背烧矫形，输送速度根据矫正需要进行调整。

2. 设备组成及配置

(1)辊道:约 4.0 m(长)×8.5 m(宽)×0.8 m(高)圆柱形工业辊道。

①防护等级:IP23。

②驱动方式:伺服驱动。

③驱动电机:德国 SEW 或同等设备。

(2)光电开关 1 套。

(3)5 枪头自动背烧装置 1 套。

同一批工件相同挡距可实现自动背烧。如有不同挡距的工件,第二件须通过手动调节挡距实现背烧作业。

4.3.5　卸料工位

1. 工位设置

将加工完成的工件利用桥式起重机卸载到托盘上。操作工利用桥式起重机将工件从流水线上卸下。

2. 设备组成及配置

(1)辊道:约 20.0 m(长)×8.5 m(宽)×0.8 m(高)圆柱形工业辊道。

①防护等级:IP23。

②驱动方式:伺服驱动。

③驱动电机:德国 SEW 或同等设备。

(2)桥式起重机。

①额定起重量:5 t。

②起重机等级:A3~A4。

③防护等级:IP23。

4.3.6　控制系统及软件单元

1. 场景识别系统软件

场景识别系统包含通信模块、图像采集、图像处理、焊缝识别定位、路径规划等部分,实现场景扫描自动识别定位焊缝,对焊枪姿态及轨迹进行规划,从而引导运动系统进入焊缝位置。

2. 系统通信接口及协议

规定运动控制系统、场景扫描系统、焊缝跟踪系统、工艺规划系统、安全监控系统等组件之间的通信协议,提供相互通信接口。

3. 焊缝测量跟踪系统软件

实时对焊缝位置及宽高等特征进行测量,经坐标转换后实时反馈给机器人系统,进行焊缝目标位置的微调,从而实现精确定位。

4. 工艺规划系统及数据库软件

实现焊接工艺的自动匹配;提供人机交互,实现焊接顺序调整、焊缝增删功能。

5. 总控系统软件

实现系统的启停控制、安全监控、运行状态监控等功能。

6. 焊接监控系统软件

对焊接过程中焊机的电流电压或者熔池进行监控,提示缺陷和焊机故障。

7. 多轴协调运动控制系统/机器人门架运动控制系统

实现动作系统的运动控制,支持多轴联动,具备指令驱动及外部直接发送各轴角度值或编码值进行联动的能力。

8. 机器人弧焊软件包

实现机器人焊接动作规划(如三角摆、正弦摆等)、工艺参数设定、焊接平面设定、接触寻位等功能。

9. MES 管理软件接口

MES 管理主要是针对船体加工的生产制造进行管理,实现从接收 EISE 系统下达的产品加工/制造任务(图纸交接清单),组织生产,到分段装配的全过程管理;实现生产任务、产品设计图纸、工艺卡片的在线下发,生产制造任务完成情况的实时反馈,为产品的无纸化加工提供技术支持;实现生产制造过程的进度、质量、成本实时监控和跟踪;实现产品物料的齐套性缺料检查、分析。

本系统具备 MES 管理软件接口,支持接收 MES 系统发送的远程命令,包括整个焊接系统的启动、停止及暂停功能。

10. 焊机群控软件

信息化板卡与指定焊接电源连接好之后,可以通过特定的数据端口(模拟量端口、RS485 接口和 DeviceNet 接口)对焊接电源数据进行采集,采集得到的数据经过对应的转换(模拟量经过 A/D 转换,RS485 和 DeviceNet 分别经过各自的接口芯片进行转换)后,再根据设定的通信技术进行数据的上传。例如,若设定以太网形式,则将数据按照工业以太网协议进行上传;若需要将数据通过 Wi-Fi 进行发送,则将数据按照 Wi-Fi 通信的要求进行上传。信息化板卡的组成如图 4-17 所示。

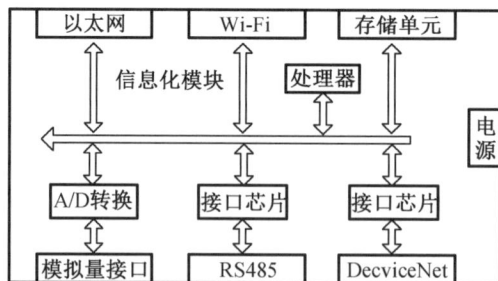

图 4-17　信息化板卡的组成

信息化板卡还包括存储单元,用于程序和临时数据的存储。另外,为了便于安装使用,还需要设计电源转换模块。以单相 220 V 交流电源为输入端,其经过转换后输出信息化板卡所需的各种电源。

数据传输设备接收信息化板卡上传的数据,接收数据的方式可以通过访问接入焊接电源网络的交换机来实现。基于交换机的焊接电源网络如图 4-18 所示。

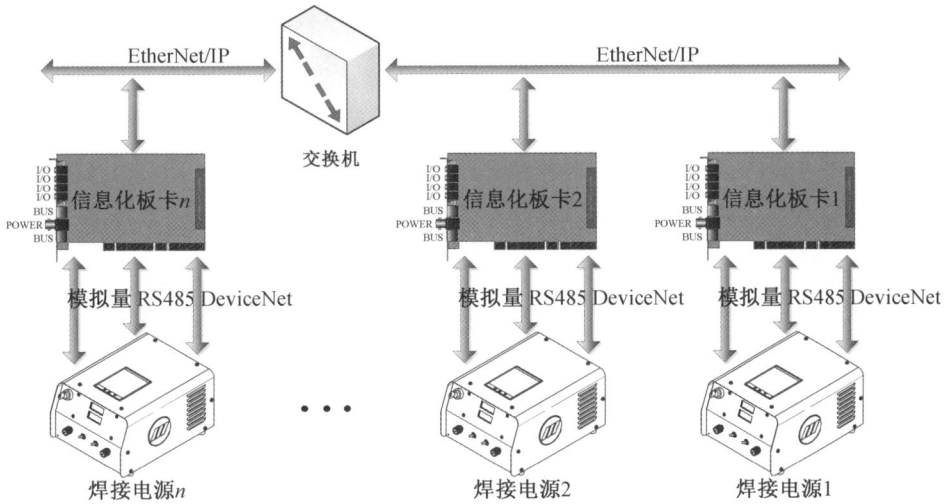

图 4-18　基于交换机的焊接电源网络

基于交换机的焊接电源网络中,每个焊接电源和每个信息化板卡均通过 EtherNet/IP 协议连接到网络交换机,通过网络交换机将数据上传到焊接数据管理软件。这种形式的网络,数据传输较稳定,传输距离较远,但需要考虑空间布局布线,适用于焊接电源位置固定的场合。

11. 焊接工艺数据库

焊接工艺数据库完成常见厚板焊接工艺参数的存储,本项目对已有的焊接工艺数据库进行扩充,如图 4-19 所示。

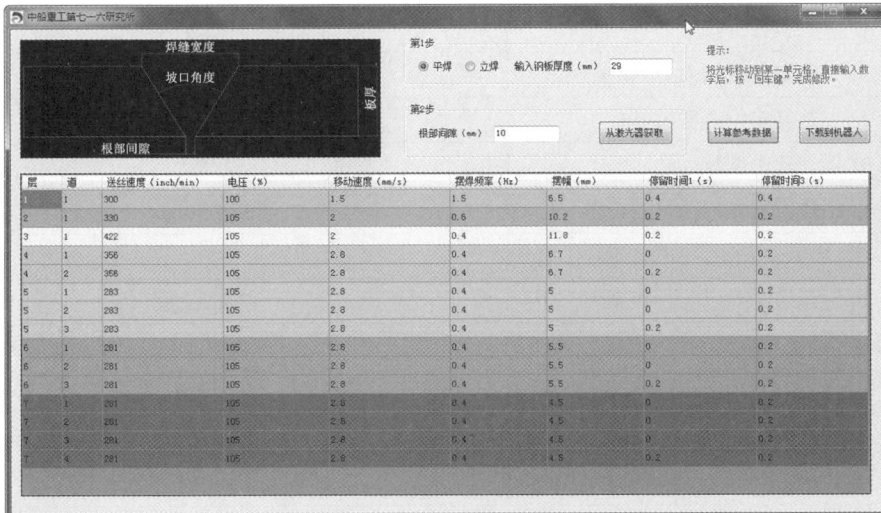

层	道	送丝速度 (inch/min)	电压 (%)	移动速度 (mm/s)	摆焊频率 (Hz)	摆幅 (mm)	停留时间1 (s)	停留时间3 (s)
1	1	300	100	1.5	1.5	6.5	0.4	0.4
2	1	330	105	2	0.5	10.2	0.2	0.2
3	1	422	105	2	0.4	11.8	0.2	0.2
4	1	356	105	2.8	0.4	6.7	0.2	0.2
4	2	356	105	2.8	0.4	6.7	0.2	0.2
5	1	283	105	2.8	0.4	5	0	0.2
5	2	283	105	2.8	0.4	5	0	0.2
5	3	203	105	2.8	0.4	5	0.2	0.2
6	1	281	105	2.8	0.4	5.5	0	0.2
6	2	281	105	2.8	0.4	5.5	0	0.2
6	3	281	105	2.8	0.4	5.5	0.2	0.2
7	1	281	105	2.8	0.4	4.5	0	0.2
7	2	281	105	2.8	0.4	4.5	0	0.2
7	3	294	105	2.8	0.4	4.5	0	0.2
7	4	281	105	2.8	0.4	4.5	0.2	0.2

图 4-19　焊接专家数据库

（1）输入参数

①坡口角度；

②根部间隙；

③板厚；

④焊接类型。

（2）输出参数

①电压；

②电流（送丝速度）；

③移动速度；

④摆幅频率；

⑤摆幅；

⑥摆幅 1 测驻留时间；

⑦摆幅 2 测驻留时间。

4.3.7 关键设备配置分析

小组立生产线关键设备主要由机械臂、焊接电源、焊枪、冷却水箱、清枪器、桶装焊丝送丝组件、机器人门架、激光定位设备、除尘装置等组成，具体分析如下。

1. 机械臂

机械臂选用新松或 KUKA、ABB、FANUC 等国内外知名品牌，其详细参数见表 4-2。

表 4-2 机械臂详细技术参数

指标		参数
结构形式		垂直关节型
运行方式		自动
额定负载能力		10 kg
重复定位精度		±0.02 mm
自由度数		6
最大工作半径		1 393 mm
运动范围	A1 轴	±170°
	A2 轴	−155°~90°
	A3 轴	−170°~190°
	A4 轴	±180°
	A5 轴	±135°
	A6 轴	±350°

表 4-2(续)

指标		参数
最大运动速度	A1 轴	125°/s
	A2 轴	150°/s
	A3 轴	150°/s
	A4 轴	300°/s
	A5 轴	300°/s
	A6 轴	400°/s
安装方式		门架安装
电机、减速机		采用进口品牌

2. 焊接电源

选用林肯 R500 焊接电源(图 4-20),其详细技术参数见表 4-3。

表 4-3 焊接电源技术参数

指标	参数	备注
焊机型号	林肯 R500	
额定输入电压及频率	三相 AC380 V(±10%),50 Hz	
输出电流范围	5~550 A	
暂载率	500 A/36.5 V/100% 550 A/41.5 V/40%	
焊丝直径	0.8 mm、1.0 mm、1.2 mm、1.4 mm、1.6 mm	
焊丝类型	碳钢	
气体流量	15~25 L/min	
焊枪冷却方式	水冷	
外壳防护等级	IP23	
外形尺寸 (长×宽×高)	571 mm×355 mm×630 mm	图 4-20 林肯 R500 焊接电源
质量	68 kg	

3. 焊枪

选用宾采尔 ROBO WH W500 水冷焊枪(图 4-21),防碰撞传感器选用宾采尔 CAT 2(M)焊枪,其详细技术参数见表 4-4。

表 4-4　焊枪技术参数

指标	参数	备注
冷却方式	水冷	图 4-21　宾采尔 ROBO WH W500 水冷焊枪
额定值	550 A 二氧化碳,500 A 混合气	
暂载率	100%	
焊丝直径	0.8~1.6 mm	
枪颈角度	0°、22°、35°、45°	

4. 冷却水箱

选用 TBi beCool 2.2 冷却水箱(图 4-22),其详细技术参数见表 4-5。

表 4-5　冷却水箱技术参数

指标	参数	备注
冷却液温度	最高 60 ℃(冷却液要求)	图 4-22　TBi beCool 2.2 冷却冰箱
冷却能力	2 200 W	
流量	最小值:0.25 L/min(400 kPa) 最大值:8 L/min(0 kPa)	
最大压力	400 kPa	
空气流量	900 m³/h	
功率	300 W	
水箱容量	5 L(不锈钢材质、带过滤装置)	
热交换面积	1.9 m²	
开关可调范围	0.5~3.3 L/min	
尺寸	230 mm×270 mm×530 mm	
质量	13 kg(空)	

5. 清枪器

采用德国 TBi BRG-2-ES-DAE 清枪器(图 4-23),其详细技术参数见表 4-6。

表 4-6　清枪器技术参数

指标	参数	备注
控制	气动	
气源	无油干燥压缩空气,600 kPa	
启动信号	24 VDC	
清枪时间	4~5 s	
防飞溅剂容量	500 mL	
剪丝功能	最大可以剪直径 1.6 mm 钢焊丝	图 4-23　德国 TBi BRG-2-ES-DAE
质量	约 14 kg(不含清枪站底座)	

6. 桶装焊丝送丝组件

桶装焊丝送丝组件(图 4-24),其详细技术参数见表 4-7。

表 4-7　桶装焊丝送丝组件技术参数

指标	参数	备注
焊丝直径	$\phi0.8~1.6$ mm	
电源电压	176~264 VAC	
最大输入电流	4 A(230 V)	
送丝速度	3~17 m/min	
最大送丝距离	20~30 m	
送丝动力	0~7 挡可调	
规格	250 kg 桶装焊丝	图 4-24　桶装焊丝送丝组件
材质	塑料	

7. 机器人门架

(1)门架传动方式:精加工钢轨、齿轮齿条。

(2)门架行程:X 轴为 26.0 m,Y 轴为 9.0 m,Z 轴为 1 m。

(3)门架速度:X 轴为 0~15.0 m/min,Y 轴为 0~15.0 m/min,Z 轴为 0~5.0 m/min。

8. 激光定位设备

(1)3D 激光扫描装置 1 套(每个门架)。

(2)可覆盖并一次性扫描完焊接区域内容的工件。

(3)激光寻位装置 2 套(采用线激光,每个门架)。

(4)焊缝精确定位及焊接过程跟踪。

9.除尘装置

满足环保要求(唐纳森、尼德曼等品牌产品)。

4.4 生产线控制系统设计

4.4.1 船体小组立智能生产线控制系统

船体小组立智能生产线控制系统即小组立生产过程控制系统。为保证小组立的焊接质量和生产效率,不仅要求焊接设备能保质保量地加工,而且要求自动控制工位节拍,对小组立进行运输和装卸。在生产线上,各工位设备依次排列,通过自动输送装置连接在一体,并利用控制系统将各模块协调统一起来,使其依据控制命令自动工作。控制系统的性能决定着小组立流水线生产的效率和生产成本,因此小组立流水线控制系统对流水线生产至关重要。船体小组立智能生产线控制系统如图4-25所示。

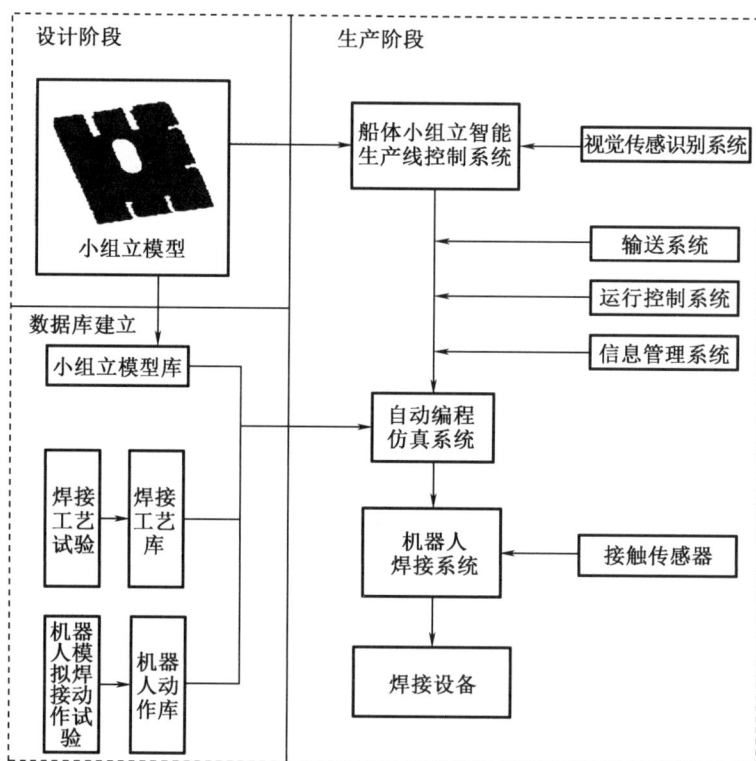

图4-25 船体小组立智能生产线控制系统

1.生产制造管理系统

生产制造管理主要针对小组立加工的生产制造进行管理,实现从接收 EISE 系统下达的产品加工/制造任务(图纸交接清单),到组织生产的全过程管理;实现生产任务、产品设计图纸、工艺卡片的在线下发,生产制造任务完成情况的实时反馈,为产品的无纸化加工提供技术支持;实现生产制造过程的进度、质量、成本实时监控和跟踪;实现产品物料的齐套性缺料检查、分析。

生产制造管理具有图纸接收管理、零部件清单管理、产品工艺管理、产品缺料分析、生产计划管理、生产能力分析、工时管理、生产进度跟踪、监控和预警,生产设备、工具、工装管理,关键资源均衡化分析、预警等功能。

根据小组立生产线实际情况,生产命令下达后,智能生产线控制系统将每道工序分解到每个设备、每一分钟精细执行,实现柔性制造和精确管理,是精益生产不可缺少的关键环节。系统的应用实施,将有效推进制造企业的生产线管理数字化、作业排产精细化、质量追溯透明化、物料管理科学化、产品制造柔性化、现场管理看板化、系统集成一体化,能有效提高生产管理效率、稳定产品质量、缩短生产周期、降低生产成本。

2. 智能生产线控制

(1)任务接收

任务接收是指通过与企业信息空间工程系统进行集成,接收其排产得出的针对新建柔性生产线的生产任务。生产任务的信息包括生产计划、生产批次、相关产品信息、工艺信息。

(2)工艺切换

工艺切换是实现柔性生产的关键,对不同材质、厚度的钢材加工采用不同设备参数,通过系统预定义的工艺命令,使系统可以在接收任务时根据任务的规格、型号等信息自动批量更新产线相关设备参数。工艺切换有对自动化生产线中的设备及设备在加工各类零件/部件时采用工艺的管理功能。在生产任务中,获取所需要的工艺信息,并下达到对应的设备,以实现柔性生产。

(3)数据采集

数据采集是指与小组立生产线、仓储配送系统和物流配送系统进行通信。下达生产任务至生产线,获取任务执行过程数据、任务执行结果、设备状态、设备异常信息;下达上、下料信息至仓储配送系统和物流配送系统,获取仓储配送系统和物流配送系统的运行情况、结果、运行状态等。智能生产线控制系统的通信服务器与上述三个自动化系统的主控PLC采用TCP/IP协议,通过数据报文的方式进行通信,报文格式由通信双方进行指定。

(4)产线监控

产线监控主要用于显示工作说明和监控生产中物料存储状态,监控信息可与现场看板进行关联,实时展示生产线设备、物料等信息。

通过控制生产线生产的执行情况,实现了生产和库存的实时状态管理。智能生产线提供易用的计划好的工作队列,实现由设备、机器人和操作工加以跟踪的工位的可视化表单。这些设备、机器人和操作工附有所有必需的工作说明。当一项工作完成后,通过应用程序确认完成,然后指导进行下一项工作。车间收集工位事件信息,例如使用工时、工人班次、消耗物料和部件完工或退回。

(5)异常预警

异常预警是指在发生异常时及时将故障信息上报至智能生产线控制系统并实时发送

至产线看板,让相应工作人员及时对异常进行处理,以尽快恢复正常生产。当系统发生异常状况时,系统根据通信方式向智能生产线控制系统发出异常命令代码,智能生产线控制系统再向大屏发送。

(6)产线看板

产线看板用于向用户反馈生产任务、设备状态的监控和查询,让用户直观地了解到最新生产、设备信息,对于故障及时响应处理,起到醒目提示的作用。可以在产线边上放置的大型液晶看板上查看,也可以在个人计算机上直接查看,主要显示产线的待生产任务、已接收任务、缺料警报信息和通知信息等。

3. 离线编程系统

船舶是一种定制化产品,其小组立是典型的单件小批量生产构件,生产系统必须趋于柔性制造,包括流水线上的自动化设备。传统的机器人示教编程不适用小组立生产,独立在计算机系统上实现的离线编程较为适合,小组立生产机器人离线编程是利用计算机图形建立机器人工作环境模型,利用规划算法对图形进行控制和操作,在离线情况下完成轨迹规划。机器人离线编程的优势有:可减少机器人非工作时间;可改善编程环境;适用范围广,程序便于修改;可提高编程的效率和质量。离线编程系统分为执行级离线编程系统和任务级离线编程系统两种,智能生产线采用任务级离线编程系统,采用更高的指令系统,用户输入指令更加简便,即在识别小组立结构之后,自动调用焊接参数,规划焊接路径。

离线编程系统的输入信息由传感系统提供,通过工件视觉识别系统获得流水线上小组立的几何特征信息,将其与模型库中的小组立模型相对比,确定小组立对应模型,得到小组立加工信息;通过接触传感器对装配好的小组立进行检测定位。焊接工艺库提供小组立焊接工艺参数,根据匹配的小组立模型来调用。离线编程进行焊接参数规划,即焊接工艺库提供的焊接参数由离线编程检索选定。任务级离线编程系统避免了机器人焊接参数由人工输入,可大大降低出错率;焊接参数与模型自动匹配,可有效提高机器人编程的效率和质量。根据小组立模型焊缝信息进行路径规划,目的是确定机器人系统中各路径点处的各关节值,使焊接质量最好。在对小组立进行定位、对焊接工艺参数进行确定之后,通过调用机器人动作库的程序来控制机器人的动作,完成焊接任务。

离线编程作为智能流水线焊接工位的核心,利用编程语言存储模型导入的信息,以半自动的定位方式确定小组立位置信息,调用焊接工艺库中的焊接参数,规划机器人的运动路径,在离线编程系统的控制下完成小组立焊接。

4. 机器人传感系统

传感系统是使机器人走向智能化的保障,传感器对建立焊接机器人柔性生产系统至关重要。小组立智能生产线需利用传感系统来识别外部信息,同时为离线编程控制系统提供输入信息。小组立智能生产线通过视觉传感系统来识别工件,通过接触传感系统来检测定位,通过电弧传感系统进行焊缝跟踪。将视觉传感系统摄像机安置在生产线移动门架上,通过移动门架对辊道上的小组立工件进行扫描,获取工件图像;对图像进行预处理之后,分割图像,识别出装配完成的焊接小组立;通过抽取特征得到小组立特征轮廓,利用模式识别与模型库小组立相匹配。接触传感器通过焊丝对工件进行定位,设定程序,当带电的焊丝接触到小组立时,与小组立形成回路,造成电压降;机器人收到电压降信号,记录焊枪的绝对位置及对应角度。接触传感器检测出工件的位置之后,将信号传输给控制系统,与模型位置相比较,即可计算出偏差量,相应地求出补偿量,再将补偿量反馈到焊接执行过程中,修正焊接轨迹;电弧传感保证焊枪不偏离焊缝中心,对机器人焊接进行焊缝跟踪,检测焊接偏差;焊枪摆动引起电流变化,利用电流变化反馈值寻找焊缝中心线,修正轨迹偏差。

5. 焊接工艺库

焊接工艺库是建立小组立智能生产线的保障,包含小组立焊接的所有加工信息。首先,对船厂小组立材料的特性进行分析,结合当前手工焊生产采用的焊接方法及机器人采用的焊接方法的可行性,综合考虑生产效率、能耗、焊接工艺性能和船厂生产环境,最终确定小组立智能流水线应用的焊接方法为药芯焊丝气体保护焊。

在焊接中,要考虑焊件的接头形式和坡口形式。在小组立焊接中,T型接头占绝大多数,因此主要针对T型接头建立焊接工艺库。根据条件,进行材料的选取和参数的确定。选用合适的焊接材料尤为重要,主要是焊丝的选取和保护气体的确定。在选择焊丝时,考虑的因素有焊接母材级别、单道或多道焊的适用性及焊接位置等。此外,焊丝的直径也直接影响焊接电流、送丝速度等。在确定保护气体时,主要考虑焊接质量、成本和生产效率等因素。不同气体在电弧热中的反应不同,因此选用不同的保护气体具有不同的保护效果,对电弧的平稳程度和飞溅程度等都有影响。焊接参数根据现场生产经验初步确定,包括电流种类、电流极性、焊接电流、电弧电压、焊接速度、焊丝伸长度及保护气体流量等。此外,每套焊接参数都要有对应的焊枪行走角、工作角和焊枪摆动姿势。

在选定焊接材料和焊接参数之后,进行焊接数值仿真,修正之前的焊接参数。运用修正后的焊接参数进行试验,试验完毕后进行焊接工艺检测。若焊接质量未达标,则调整焊接参数重新进行试验;若焊接质量达标,即形成一套关于所试验焊件的工艺标准。通过多次试验,不断进行调整,建立一个包含所有智能流水线可生产小组立的焊接参数工艺库,以便在生产中自动调用离线编程系统。

6. 机器人动作库

机器人动作库可为机器人路径规划提供基础,机器人路径规划的约束条件即机器人动作库的动作范围,包括机器人各关节限定值,以及焊接机器人与工件、设备不干涉。机器人焊枪的行走角和工作角、机器人的摆动姿势等机器人动作直接影响焊接质量,这些信息由焊接工艺库提供,由机器人动作库执行。机器人各轴之间的运动范围由机器人厂家提供,在选定机器人之后,各轴的动作范围不能改变。机器人厂家提供焊接机器人基础动作库,并开放数据,便于使用者修改、补充适用于具体生产的动作库。在进行焊接生产时,在离线编程系统中选定焊接模型,自动生成焊缝,根据焊缝形式调用机器人动作库的动作。机器人动作库建成之后,经过不断试验,优化机器人动作路径,检验焊接质量,确定每种焊缝对应的工作角、行走角和摆动姿势。在建立动作库时,要注意机器人对自身和外部环境的规避导致焊枪姿态偏离理想姿态及机器人系统运行的平稳性。

4.4.2 船体小组立智能生产线控制技术

1. 分散式集成控制技术

智能生产线采用嵌入式控制技术对生产线多台装备进行工业组网,通过网络接口方式进行信息交互,实现"分散控制、集中监控"的控制模式。

系统网络结构可分为三个层次:第一层为设备层网络,采用标准的现场总线网采集输送设备的各种运行信号与故障信号,并上传至第二层——控制层网络——的 PLC 控制器进行信息处理;第二层采用适合工业环境下标准的工业以太网对设备层网络信息进行监控与处理,并上传至第三层——车间管理监控层网络;第三层采用标准的以太网,一端与控制层网络相连,另一端与车间管理网络相连,实现设备信息与车间管理信息的有效对接,确保了设备系统能够按照车间管理要求自动化运行,也确保了车间能够实时监控设备系统运行状况。

2. 焊机远程监控技术

焊机远程监控可实现将生产现场中的焊接电源的工作状态(开机、停机、故障等)、当前焊接电流、电压参数等信息通过网络系统传输到远程办公室进行远程监控,便于相关质量、工艺工程师随时监测现场电流、电压数据的生产状况,同时可以为后期质量数据分析与追溯提供有力的支持。

系统包括焊机终端信息采集模块、数据转换模块及控制显示监控软件等,通过对智能生产线焊接电源进行工业组网,实现现场服务器与远程监控器传输连接。

3. 智能生产线故障诊断技术

智能生产线包括的设备种类多,控制对象复杂,处理任务繁多,出故障概率较大。为保证生产线正常运行和快速排除故障,建立设备故障诊断系统。该系统主要由设备故障诊断系统、生产线诊断维护系统和远程诊断系统组成。

生产线诊断维护系统担负对整个智能生产线故障诊断的重任,响应各设备和系统的诊断请求,对当前设备状态进行分析;实现诊断维护和优化决策,同时对生产线分布式的诊断、维护信息进行有效管理。生产线诊断无法解决的问题再由远程诊断系统通过设备供应商、相关领域专家的参与来最终解决。在诊断策略上,采用在线和离线相结合、有线通信和无线通信相结合的方式,多层次、多方位对智能生产线开展状态监测、故障诊断和智能维护工作,从而保证船体小组立智能生产线稳定、可靠地运行。

4. 生产线物流集配系统

智能生产线运用数字化、网络化技术研发物流信息系统,实现工件在不同设备之间无纸化信息传递功能(即实现同一工件在不同工位的数据传输与应用),实现制造过程的自动化、柔性化功能。

智能生产线通过 LAN/BUS 技术链接管理系统、生产系统和仓储系统,实现各环节信息的实时、准确传递。

系统包括固定式 RFID 读写器、移动手持式 RFID 读写器、标签、条形码及条形码阅读器。

物流集配是指将各种经过下料、加工、成形等处理后根据管理系统生产计划排产形成的工作包,进行对应集中(托盘)配套,配送至后续生产制造区域并进行物料流转信息的传递与共享等跟踪控制管理。

物流实时跟踪通过条码扫描管理系统实施。条码标签用于存储车辆、托盘的编号、车牌等认证信息。

5. 生产过程实时监控技术

通过 LAN/BUS(网络/总线)将生产车间内的管理系统、生产系统和物流系统进行有效的链接,在构件制作区域、分段制造区域等,可实时监控工件来料、设备、工位生产及物流周转等信息,以及工件在工序上的时间、生产人员等信息;同时可实时呈现生产现场的生产进度、任务达成状况、生产质量状况等,集合车间视频远程监控系统,实现生产过程中人、机、料、法、环、测 6 要素管理现场工作透明化。

4.4.3　系统功能需求

本系统主要满足如下功能需求:

(1)上料与装配工位具有自动抓取、自动快换工具、自动装配、自主定位、自动装焊功能;

(2)小组立焊接工位能够自动对准、自动翻板、自动扫描、自动识别、自主焊接、自动清枪剪丝,全过程实现无人参与;

(3)具备自动匹配焊接工艺库、焊接枪姿可根据焊缝姿态自动调整的功能;

(4)配备碰撞传感器及焊缝跟踪设备,具有碰撞检测、焊缝跟踪的功能;

(5)具有故障检测能力,在出现故障时执行急停指令,并发出声光报警信号,设备停止运转,等待维护。

4.5　应 用 案 例

以某船厂加工部车间内场地为基础,以小组立为生产对象,研究小组立智能生产线总体设计技术、机器人焊接离线编程技术以及集成与调试技术,旨在打通设计生产制造数据信息流,建设小组立智能生产线,用于船舶建造小组立工件的装配、焊接、检查修补、背烧等工序的流水化智能生产作业。该生产线主要由54 m 机械传送装置、1 个 3 自由度门架、2 个 6 自由度焊接机器人、机器人焊接系统及相关焊接设备等组成。

该小组立智能生产线为流水线生产模式,按"焊接工位→装配工位(4 套机器人装配点焊系统)→小组立焊接工位(2 套龙门架,即 4 套机器人装配点焊系统)→检查修补工位→背烧工位→卸料工位"顺序执行,节拍配置合理,保证流水线中的 4 个工位同时工作,提高生产效率及焊接质量。其中焊接工位主要采用双丝埋弧焊,正面焊接速度为 80 ~ 90 cm/min,反面焊接速度为 90~100 cm/min;装配工位采用大机器人装配、小机器人点焊,快速而高效,4 套机器人装配点焊系统同时工作,满足节拍要求;小组立焊接工位采用"扫描—识别—焊接"模式,采用气体保护焊,场景扫描系统速度约为 6 m/min,焊接速度约为

50 cm/min。

综合分析,以每班 8 h 工作制来算,单台小组立焊接机器人焊接速度约为 50 cm/min,即 30 m/h,在系统运行过程中需要排除一些非焊接时间,主要包括场景扫描、自动清枪剪丝、机器人非焊接过程运动、物流运输等,非焊接时间会因不同的小组立件而有所不同。大致估算,非焊接时间占用 2 h,机器人焊接时间约为 6 h,则每班单台机器人焊接约 30 m/h×6 h= 180 m,系统共 4 台机器人,因此整条智能生产线的产能约为 720 m。

4.6 本章小结

船体小组立智能生产线主要通过机器人离线编程技术、视觉识别技术、接触传感定位技术、电弧跟踪技术、机器人系统集成控制技术及焊接工艺库等技术联动开发,形成一套小组立流水线系统。该系统扫描工件后由计算机自动编程、焊接,最终小组立构件实现计算机控制机器人自动焊接。对小组立流水线研究不但能在一定程度上解决劳动力成本高的问题,提高焊接质量,增强企业竞争力,而且可以在我国船企内起到示范作用,为中国船舶制造业的发展注入新的活力。针对船舶分段焊接自动化率不高、焊接质量不稳定等问题,围绕造船业转型升级的需求,建立船体小组立焊接流水线,实现小组立部件焊接的智能化,使小组立工件生产走向规模化、高效化、批量化的智能制造模式。通过该流水线研发,可以提高船企小组立生产效率,降低生产成本,推动中国造船业在智能化生产的道路上迈出坚实的一步。

建立小组立智能生产线不仅可提高生产效率,还具有使船舶零部件在流水线上批量生产的作用,是中组立、大组立甚至分段实现流水线生产的基础。

第5章 平面分段智能生产线设计与智能控制技术

5.1 概 述

本章以船舶分段制造过程中平面分段制造的工艺流程为基础,进行了平面分段智能生产线典型工位的划分,明确了生产线的功能组成,并结合平面分段的智能化、流水化生产需求以及船厂的产能需求,设计了平面分段智能生产线各工位连接方式及具体尺寸,进行生产线的总体布局、工位布置、物流设计、节拍计算、功能分析和论证,以及平面分段智能生产线的总体设计。

5.2 总 体 设 计

5.2.1 需求分析

当前国际船市进入新一轮调整周期,全球造船业竞争格局更加激烈。世界造船业将继续保持中韩日竞争的基本格局,主要体现在高技术船舶和海洋工程装备领域。日本在造船技术、生产效率和产品质量上仍具有较强竞争力,韩国造船业将在较长时期内占有全面竞争优势。

我国船舶业自2009年以来在造船三大指标方面连续保持世界第一,但大而不强的问题依然十分突出。在造船技术、生产效率、质量水平方面仍低于日韩等造船强国;在精益生产、智能制造、数字化、自动化、集成化方面,仍有很多短板需要补齐。

5.2.2 设计目标

针对船舶工业造船中间产品——平面分段——制造自动化、流水化程度低,智能生产线设计与控制技术自主化能力不足等现状,突破船舶平面分段智能生产线总体架构设计,开展生产线设计与控制系统开发,形成经过验证的平面分段智能生产线解决方案与系统集成能力,支撑我国骨干造船企业智能制造的推进,显著提升企业造船效率与质量。

5.2.3 生产对象分析

本方案设计的平面分段智能生产线主要适用于最大尺寸 22.5 m×22.5 m,最小尺寸 10 m×10 m,高度不超过 2 m 的平面分段的制造,典型平面分段结构如图 5-1 所示。

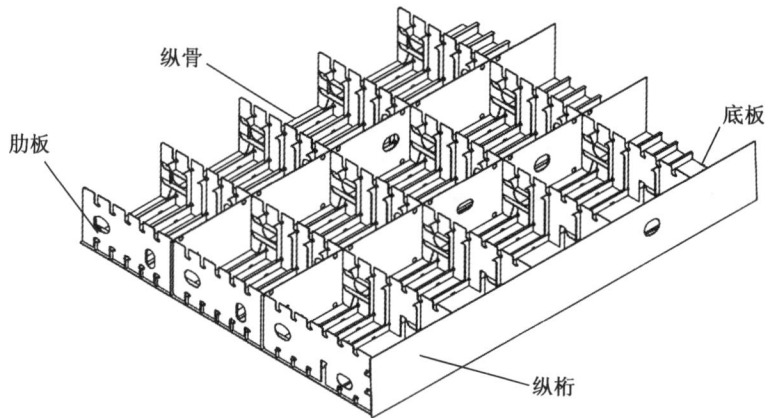

图 5-1　船舶典型平面分段结构示意图

5.2.4　现场环境与能源介质分析

1. 电能需求

（1）拼板工位：AC 380 V，250 kVA。

（2）单面焊工位：

焊接电源用：AC 380 V，700 kVA。

控制电源用：AC 380 V，200 kVA。

焊接剂加热器：AC 380 V，10.4 kVA。

单面焊输送辊装置：AC 380 V，36 kVA。

（3）修补工位输送装置：AC 380 V，66 kVA。

（4）纵骨安装工位过渡辊驱动：AC 380 V，16.5 kVA。

纵骨安装门架：AC 380 V，300 kVA。

纵骨工位钢板转动装置：AC 380 V，9.5 kVA。

（5）纵骨角焊门架：AC 380 V，1 200 kVA。

纵骨角焊门架链条装置：AC 380 V，6.1 kVA。

（6）片体横移区：AC 380 V，80 kVA。

液压台车：AC 380 V，15.2 kVA。

（7）肋板纵桁安装门架：AC 380 V，600 kVA。

（8）肋板纵桁焊接门架：AC 380 V，600 kVA。

（9）预舾装门架：AC 380 V，600 kVA。

（10）顶升装置：AC 380 V，22.8 kVA。

2. 压缩空气需求

压缩空气压力：最小 600 kPa，最大 700 kPa。

（1）单面焊设备：平均 600 NL/min①，峰值 3 000 NL/min。

（2）纵骨角焊门架：平均 600 NL/min，峰值 3 000 NL/min。

---

① 　NL/min 为气体流量单位，其中 NL 是指 0 ℃ 1 个标准大气压下的气体体积。

3. 焊接保护气体需求

保护气体压力：60~100 kPa。

(1)拼板工位：提供用于 6 台 CO_2 气体保护焊机的保护气体。

(2)修补工位：提供用于 2 台 CO_2 气体保护焊机的保护气体。

(3)纵骨安装工位：每套门架提供用于 8 台 CO_2 气体保护焊机的保护气体。

(4)纵骨焊接工位：正常流量 1 440 NL/min，峰值流量 1 680 NL/min。

(5)肋板纵桁安装门架：每套门架提供用于 8 台 CO_2 气体保护焊机的保护气体。

(6)肋板纵桁焊接门架：每套门架提供用于 6 台 CO_2 气体保护焊机(4 台机器人焊机和 2 台手动焊机)的保护气体。

(7)预舾装门架：每套门架提供用于 6 台 CO_2 气体保护焊机的保护气体。

(8)检验交工、搬运移出工位：用于 CO_2 气体保护焊机的保护气体。

4. 氧气及天然气需求

在平面分段流水线上，只有检查、修补、划线切割工位需要氧气及天然气。

5.2.5　工艺流程分析

1. 平面分段智能生产线工艺流程

根据国内外船舶平面分段建造工艺流程调研，平面分段的主要建造顺序为拼板、单面焊、划线修补、纵骨安装(旋转)、纵骨焊接、肋板安装、肋板焊接、预舾装、顶升运出等。

具体工序如下：拼板(板列定位、板厚差调整、定位点焊、焊装引弧板)→单面焊(板列定位、反面焊剂铺设、正面埋弧焊)→划线修补(纵骨定位划线、引弧板切除)→纵骨安装(纵骨装配定位、定位焊)→纵骨焊接→肋板安装(肋板吊装、对正、拉入、定位焊)→肋板焊接(机器人自动焊接)→预舾装→顶升运出。

2. 主要工位作业节拍计算

以设计允许的最大尺寸 22.5 m×22.5 m 的平面分段为生产对象，依据各工位作业对象和作业内容，分别进行拼板工位节拍计算、单面焊接工位节拍计算、纵骨安装工位、肋板焊接工位等包含自动、半自动焊接设备的工位作业节拍计算。

(1)拼板工位

拼板工位节拍计算前提条件见表 5-1。

表 5-1　拼板工位节拍计算前提条件

内容				说明
对象	22.5 m×22.5 m	钢板数量	5 块	取的最大板材
吊车数量	1 台电磁吊	点焊方式	人工点焊	
操作者数量	3~4 人	焊接方式	半自动气体保护焊	

拼板工位节拍计算见表 5-2。

表 5-2 拼板工位节拍计算

序号	作业内容	详细情况	时间/min	说明
1	电磁吊吸上一块钢板	仅是吸上钢板	2	电磁吊起始位置在钢板料架旁
2	吊钢板到工位上	移动速度 5~10 m/min	3	电磁吊最大移动距离 10 m
3	钢板对齐、加压		5	人工及液压辅助对齐钢板
4	吊车回到钢板料架处	与钢板对齐同时进行		
5	移动钢板时间	1 块钢板上线对齐时间	10	#1+#2+#3
6		5 块钢板上线对齐时间	50	
7		从门架前移动到门架后及移出工位	4	
8		5 块钢板移动 5 次总时间	20	共移动 5 次
9	钢板电焊时间	22.5 m 长板,每道焊缝点焊 6 处,焊缝长度 10 mm。焊接速度 600 mm/min,每处焊接时间 0.5 min。平均每个人焊 3 处,焊接及辅助时间 8 min	8	3 人同时操作 2 台焊机
10		5 块板 4 道焊缝总电焊时间	32	最大板时的情况
11	焊起弧板及收弧板	4 个起弧板、4 个收弧板,平均速度 600 mm/min。需要焊接总时间 4 min,平均每人需要 0.67 min 焊接时间。加上辅助及移动位置时间,共需 10 min 左右	10	4 人同时操作 2 台焊机,另使用 1 台焊机
12		安装及点焊 5 块钢板需要总时间	112	#6+#8+#10+#11

(2)单面焊接(FCB)工位节拍计算

单面焊接工位节拍计算前提条件见表 5-3。

表 5-3 单面焊接工位节拍计算前提条件

对象工件	板厚	20	22	mm
	焊接长度	22.5	22.5	m
	焊缝数	4	4	条
拼板焊接装置数量	FCB 法	2	2	台(2 台同时焊接)
焊接速度	3 电极焊接	72	58	cm/min
操作者数量		2	2	人

注:以 2 人同时操作 2 台设备为前提。

单面焊接工位节拍计算见表5-4。

表5-4　单面焊接工位节拍计算

序号	作业内容	详细情况	时间/min（板厚20 mm）	时间/min（板厚22 mm）	说明
1	装置定位		4	4	
2	拼板搬入	6 m/min	5	5	
3	电磁铁(ON)		1	1	
4	反面焊剂散布回收	5 m/min	8	8	20/5×2＝8 min 来回
5	反面装置上升		1	1	
6	反面装置与焊缝对位		4	4	
7	确认焊丝位置		6	6	2 min/电极
8	确认焊接条件		2	2	
9	焊接	2 台同时	39.1	48.5	
10	焊机复位	10 m/min	2	2	19/10＝2 min
11	反面装置下降	与电磁铁 OFF 同时	1	1	
12	拼板移动		1	1	
	合计(1~12)		74.1	83.5	
13	重复3~11		64.1	73.5	
14	拼板搬出		3	3	
	合计		141.2	160	

注：1. 本计算不包括定位焊、检查、手工修补时间；
　　2. 本计算以操作工人不太熟练为前提。

（3）纵骨安装节拍计算
纵骨安装工位节拍计算前提条件见表5-5。

表5-5　纵骨安装工位节拍计算前提条件

内容				说明
对象	22.5 m×22.5 m	纵骨数量	24 根	取最大数
安装门架移动速度	0.5~12 m/min	焊接速度	700 mm/min	
操作者数量	4 人	焊透数量	8	自动气体保护焊

纵骨安装工位节拍计算见表5-6。

表 5-6　纵骨安装工位节拍计算

序号	步骤	时间	说明
1	门架驱动到托盘处	20 s	
2	横梁下降到托盘上	10 s	
3	拾取、夹紧型材	10 s	
4	横梁升起	10 s	
5	横梁移到划线处	20 s	
6	横梁下降到划线处	10 s	
7	定位型材	60 s	
8	单根纵骨安装总用时	140 s	#1～#7
9	下压点焊(3 套焊头)	行走时间 123 s 点焊时间 110 s 合计 233 s	22 个焊点，每个焊点 10 mm，2 套压头往两边，每个压头 8 个焊点
10	单根纵骨点焊总用时	373 s	#8+#9
	24 根型材用时	149 min	

（4）纵骨焊接工位节拍计算

纵骨焊接工位节拍计算前提条件见表 5-7。

表 5-7　纵骨焊接工位节拍计算前提条件

内容				说明
对象	22.5 m×22.5 m	纵骨数量	24 根	取平均根数
安装门架移动速度	0.5～12 m/min	焊接速度	600 mm/min	
同时焊接纵骨数量	6 根	焊机数量	24 台/套	
操作者数量	4 人	焊透数量	8	自动双丝气体保护焊

纵骨焊接工位节拍计算前提条件见表 5-8。

表 5-8　纵骨焊接工位节拍计算前提条件

序号	步骤	时间/min	说明
1	门架驱动到纵骨上面	1.5	
2	焊接小车驱动到起始位置	1	
3	焊头定位	1.5	
4	连续焊接	37.5	焊接速度 0.6 m/min
5	焊接开始/停止，焊头抬起	2	

表 5-8（续）

序号	步骤	时间/min	说明
6	单根纵骨安装总用时	43.5	#1～#5
7	24 根型材用时	174	6 个纵骨同时焊接，执行 4 次

（5）肋板焊接工位

肋板焊接工位节拍计算前提条件见表 5-9。

表 5-9　肋板焊接工位节拍计算前提条件

对象	22.5 m×22.5 m	格子间宽度	2.4 m	挡距	0.8 m
格子间数量	81	格子间高度	1.6 m	机器人数量	4
焊接方式	机器人焊接	焊接方法	半自动气体保护焊		

肋板焊接工位节拍计算见表 5-10。

表 5-10　肋板焊接工位节拍计算

序号	作业内容	详细情况	时间/min	说明
1	挡位定位	应用机械臂上的点激光传感器	0.5	
2	两侧端部扫描	应用机械臂上的点激光传感器	1	
3	肋板与底板焊接（横焊）	挡距 0.8 m	1.3	焊接速度 0.6 m/min
4	两端补板焊接		2	
5	挡位焊接		4.8	#1～#4
6	格子间定位	应用门架上的线激光传感器	0.5	
7	肋板与肋板焊接（立焊）	肋板高度 1.4 min，4 条焊缝	28	焊接速度 0.2 m/min
8	格子间焊接	格子间包含 3 个挡位	42.9	#5×3+#6+#7
9	平面分段焊接	40 个格子间，4 台机器人	429	#8×40/4

5.2.6　总体布局设计

结合平面分段建造工艺流程及智能化装备应用情况的调研，将船舶平面分段智能生产线工位按作业流程依次布置为拼板定位焊工位、单面焊接工位、划线焊接缓冲工位、纵骨安装工位、纵骨焊接工位、横移工位、肋板安装定位工位、肋板焊接工位、预舾装工位、顶升运出工位，随后由分段输送台车运出。根据后道工序节拍时间（肋板焊接工位 429 min）约为前道工序（纵骨焊接工位 174 min）2.5 倍的特点，为了合理分配产能，提升生产效率，采用 h 形生产线布局，分 AB 两线设计。

A 线主要功能包括拼板、单面焊、划线修补兼缓冲、纵骨安装（旋转）、纵骨焊接、横移、肋板安装、肋板焊接、预舾装、顶升运出等。

B 线主要功能包括缓存、横移、肋板安装、肋板焊接、预舾装、顶升运出等。

平面分段智能生产线工位分布及工艺流程如图 5-2 所示。

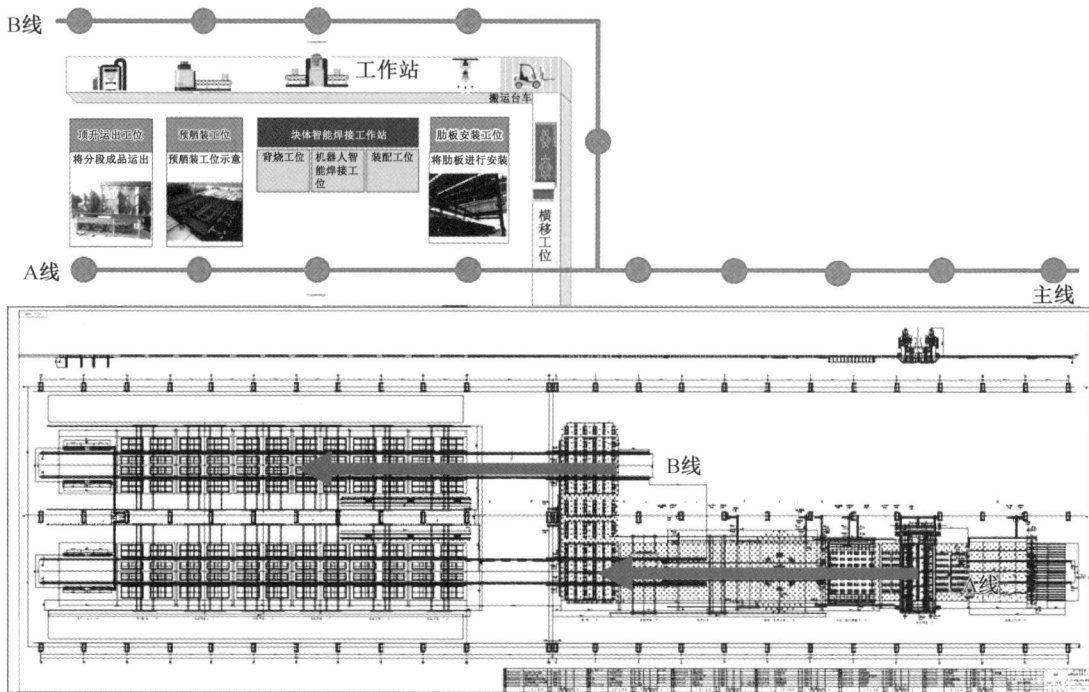

图 5-2 平面分段智能生产线工位分布及工艺流程示意图

另外生产线还需配置起重辅助设备,配置用于钢板切割吊运的电磁半门起重机 2 台,用于切割后钢板上料的电磁桥式起重机 1 台,用于肋板及舾装件吊运的桥吊 6 台。

5.3 主要工位设计及设备配置

平面分段智能生产线由拼板工位、单面焊接工位、旋转工位、纵骨安装工位、纵骨焊接工位、横移工位、肋板安装工位、肋板焊接工位、预舾装工位、顶升运出工位、输送台车组成。各工位配置如下:

5.3.1 拼板工位

拼板工位包括输送板链、顶升梁、电磁吸铁、滚轮、辊道、摩擦轮及液压泵站。拼板工位用于拼接钢板和输送钢板,拼接后的钢板由液压搬运台车输送到下一工位。拼板工位设计图如图 5-3 所示。

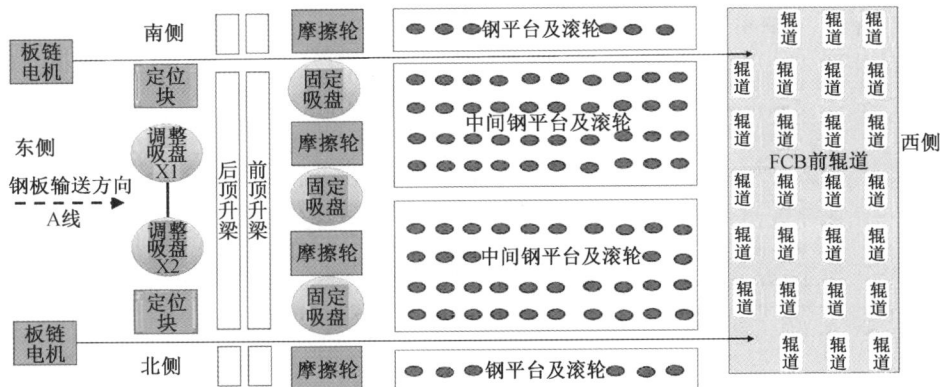

图 5-3 拼板工位设计图

5.3.2 单面焊接工位

单面焊接工位应用一台焊接专机门架,实现拼板焊缝的自动焊接。该工位主要针对焊缝背面衬垫装置、3电极焊机、焊剂循环器进行设计。

1. 背面衬垫装置

背面衬垫装置包括提升背面衬垫铜板及沟槽、微调装置。铜板的下面设有升降软管,可整体升降背面铜板。焊接时背面铜板升降气管膨胀,使拼板背面贴紧背面焊剂。

背面衬垫单元如图 5-4 所示。

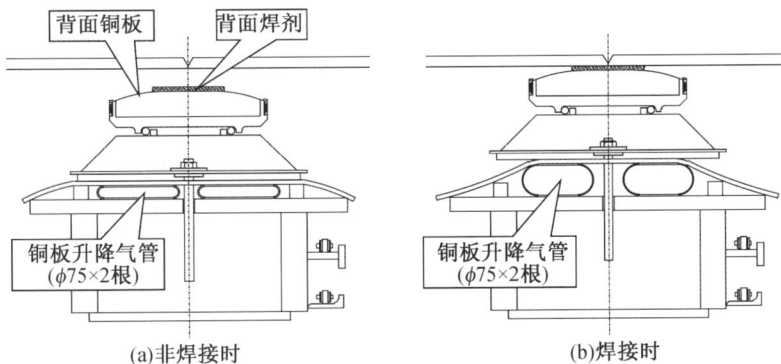

图 5-4 背面衬垫单元示意图

2. 背面焊剂散布回收装置

该装置由侧面链条牵引,行驶在背面铜板上,前进时清除焊渣,后退时再铺上新的焊剂。

背面焊剂散布回收装置具体结构如图 5-5 所示。

3. 3电极焊机

3电极焊机搭载了焊接机头、仿形跟踪装置、焊丝、焊机控制盘和焊机操作盘等装置,在横梁上行走。

(1)焊接机头

3电极焊机焊接机头结构如图 5-6 所示。

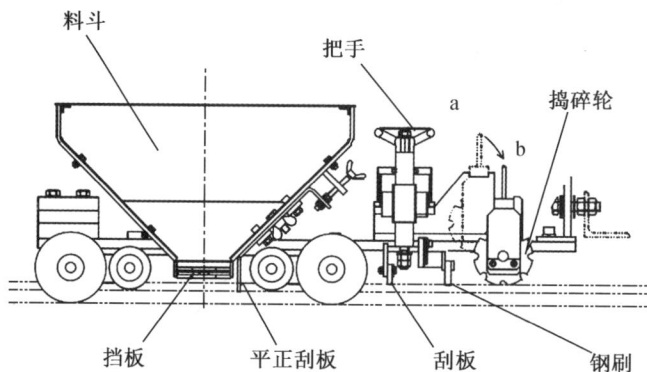

图 5-5 背面焊剂散布回收装置示意图

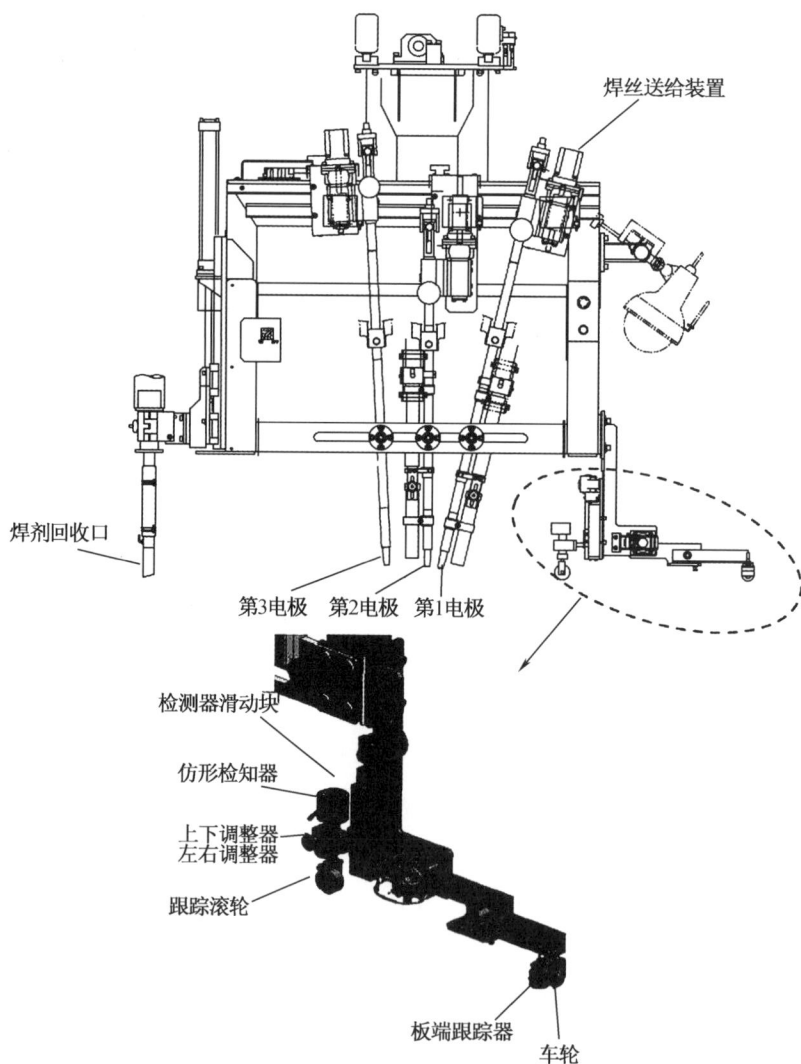

图 5-6 3 电极焊机焊接机头结构示意图

用伺服电机内的编码器测量各电极的焊丝送丝量,焊丝余量减少时,会提示报警。

（2）仿形跟踪装置

仿形跟踪装置用于执行拼板焊接作业时,实现焊缝跟踪功能。仿形跟踪装置工作示意图如图5-7所示。

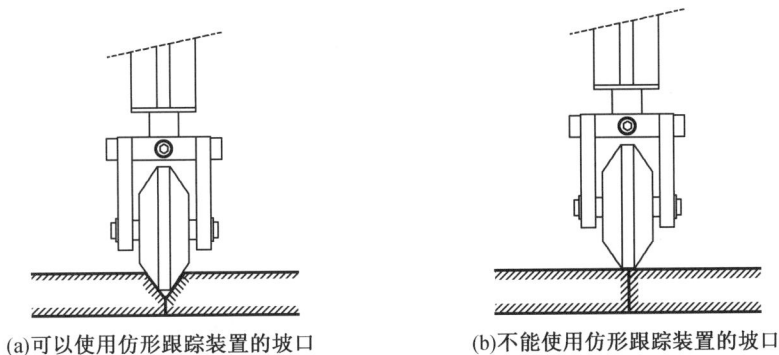

(a)可以使用仿形跟踪装置的坡口　　　　　(b)不能使用仿形跟踪装置的坡口

图5-7　仿形跟踪装置工作示意图

4.焊剂循环器

焊剂循环器用于向焊接部位供给焊剂,再把使用完的焊剂进行回收,并设有焊剂防潮功能。

焊剂在风机运转过程中,随回收管吸上来的空气一同吸上来。被吸上来的焊剂,碰到设在料斗上部的挡板后掉落到料斗里。吸上来的风通过滤芯时把微小粉尘去除掉后,通过风机排出。

料斗里的焊剂,随自身重力通过散布软管供应到焊接部位。料斗里残留的焊剂量变少时,随着料斗中的负压,空气从散布软管吸进,因此不会掉到软管内。焊剂适量时,空气不会被吸进,焊剂会自动掉下来。

焊剂循环器具体结构如图5-8所示。

5.3.3　旋转工位

旋转工位由若干个万向辊轮、9只气动阀、2个旋转盘及8台电动机构成。用于旋转钢板,把钢板顺时针或逆时针旋转90°。然后由输送板链输送到下一工位。旋转工位设计方案如图5-9所示。

5.3.4　纵骨安装工位

纵骨安装工位主要由人工完成平面分段的纵骨安装及定位焊固定,借助纵骨安装门架实现。此门架由8台焊机、2台电动葫芦、24个气缸、16只电磁铁、20只电永磁铁、6台电动机及4台控制柜构成。纵骨安装时,取下装载架上的纵骨或型材,把纵骨或型材固定在相应的钢板划线处,然后进行点焊固定。纵骨安装门架具体结构如图5-10所示。

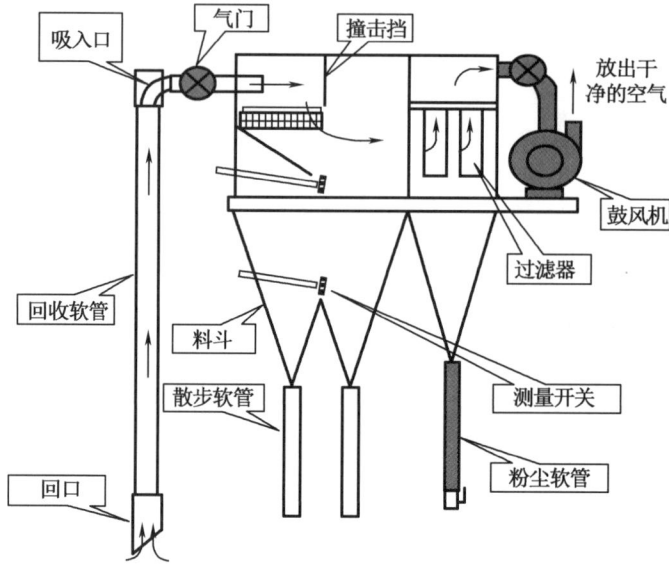

图 5-8 焊剂循环器结构图

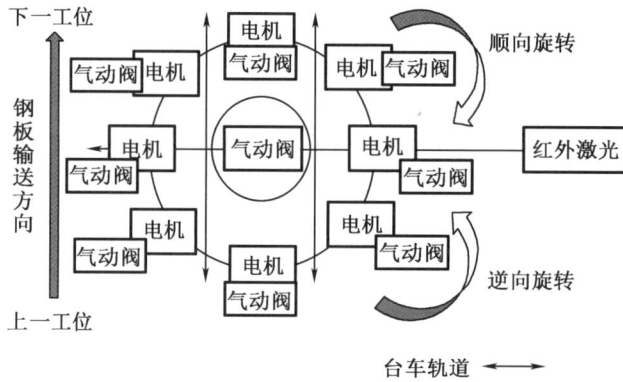

图 5-9 旋转工位设计方案图

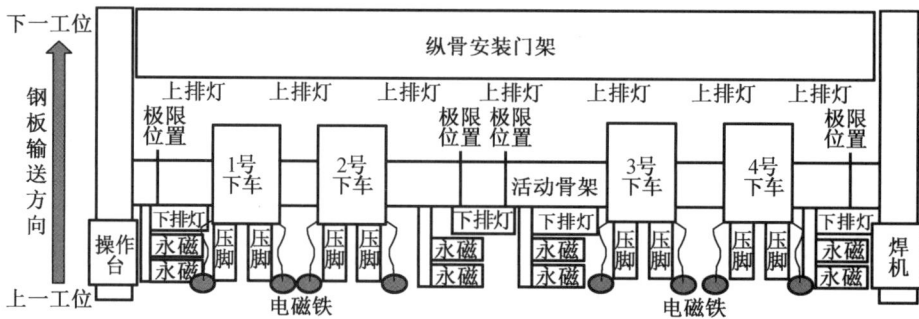

图 5-10 纵骨安装门架结构图

5.3.5　纵骨焊接工位

纵骨焊接工位采用双面双丝 CO_2 气体保护焊高速焊接,设备配置 7 个焊接机头,可同时对 6 根(或相当于 6 根)已装配好的纵骨进行焊接,另外一个机头备用;使用 200 kg/桶的气体保护焊桶装焊丝,配有焊接烟尘处理装置。

5.3.6　横移工位

横移工位由 192 只辊道、链条、滚轴及 8 台电动机构成,用于输送钢板,把钢板从 A 线输送至 B 线,然后由液压搬运台车输送到下一工位。横移工位具体结构如图 5-11 所示。

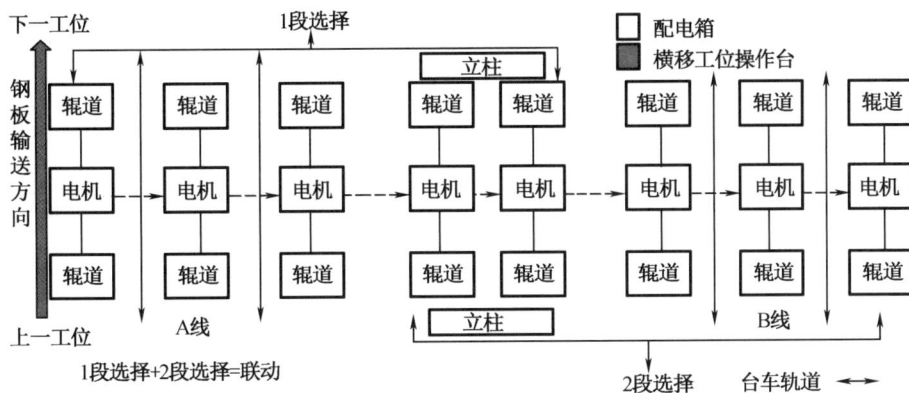

图 5-11　横移工位设计方案

5.3.7　肋板安装工位

肋板安装工位长 16 m,与下一工位之间留 500 mm 通道。本工位配置 3 台肋板安装门架和拉入装置,拉入装置利用门架移动。3 台拉入装置布置在同一轨道上,移动范围 34 m。拉入速度可调。绞车负荷≥10 t,钢丝绳长度≥40 m,钢缆中心距地面 1 100 mm,上下可调±150 mm。肋板安装门架设计图如图 5-12 所示。

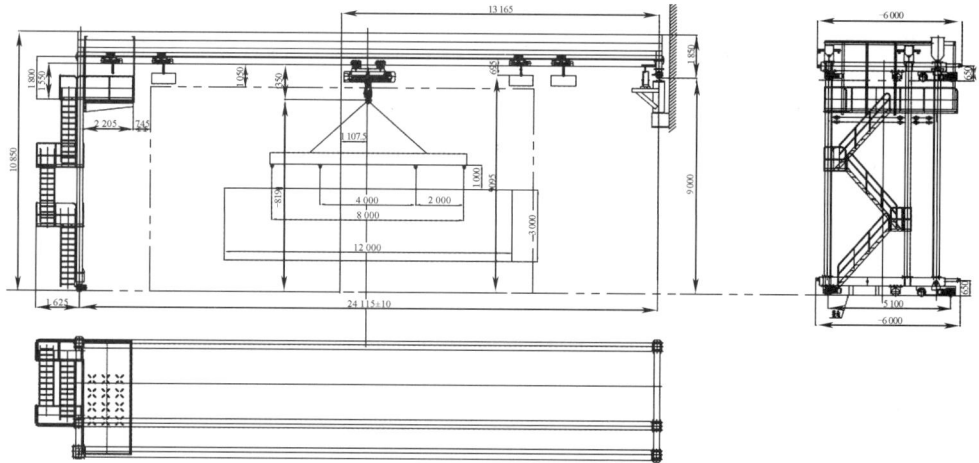

图 5-12　肋板安装门架设计图

5.3.8　肋板焊接工位

肋板焊接工位应用门架式焊接机器人实现肋板自动焊接,包括门架系统、机器人系统、焊接系统、视觉识别系统等。肋板焊接机器人通过视觉传感系统识别工件、3D 扫描系统检测定位、激光传感系统跟踪焊缝,以焊接工艺数据库和离线编程技术为基础,自动生成控制决策和轨迹动作,无须人工选择焊缝即可进行自动焊接,并可通过局域网与系统进行数据互通。肋板焊接门架实物图如图 5-13 所示。

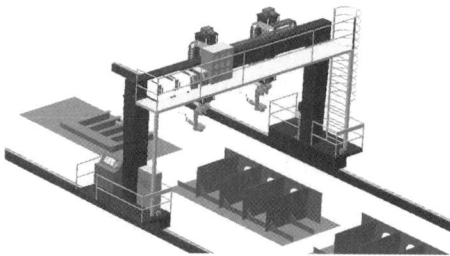

图 5-13　肋板焊接门架实物图

5.3.9　预舾装工位

预舾装工位用于平面分段的检查、修补、舾装件和管件的预装、定位及焊接。本工位配备预舾装门架,门架配有 6 个电动葫芦和 6 台焊机用于预舾装作业。预舾装门架如图 5-14 所示。

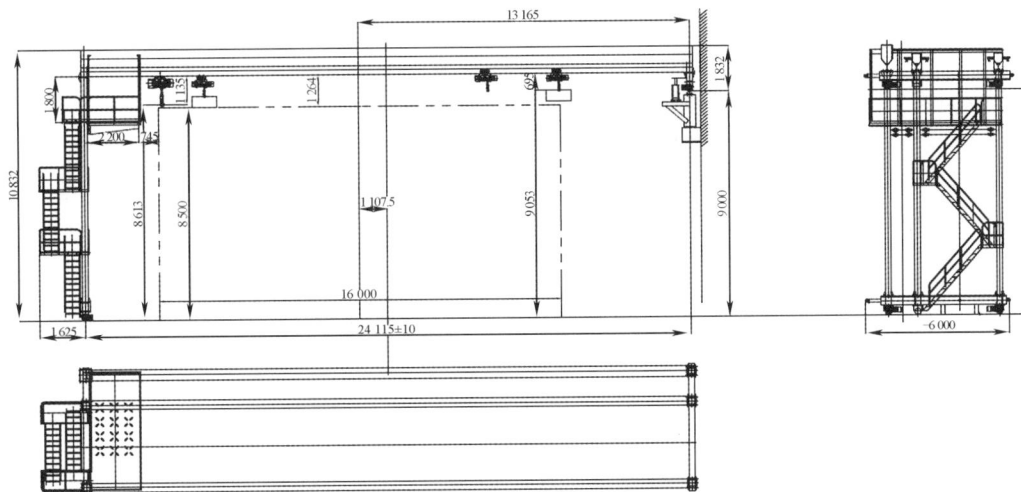

图 5-14　预舱装门架设计图

5.3.10　顶升运出工位

顶升运出工位有两处,分布在 A 线和 B 线。每个工位配置 1 台液压泵站、4 个顶升梁及 8 台液压油缸。该工位用于顶升平面分段,把钢板从液压搬运台车上顶升到要求高度,然后由平板车输送到指定作业区。顶升运出工位具体结构如图 5-15 所示。

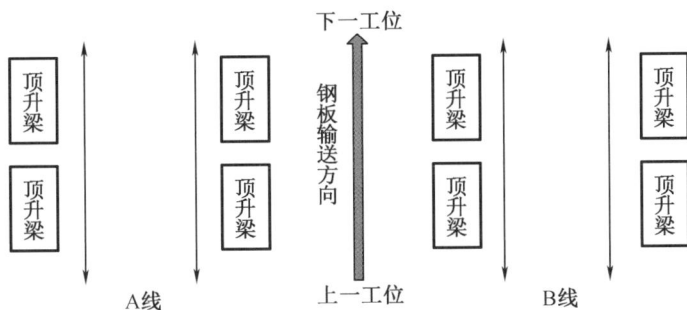

图 5-15　顶升运出工位设计方案

5.3.11　输送台车

一辆输送台车由 4 台驱动电机、2 台液压泵站、8 个油缸、4 个顶升梁、1 个控制柜及相关的电磁阀构成。两辆输送台车同时工作,顶起钢板及输送钢板,把钢板按以下顺序输送:纵骨安装工位→横移工位→肋板安装工位→肋板焊接工位→预舱装工位→顶升运出工位。输送台车设计方案如图 5-16 所示。

```
┌──────┐  ┌──────┐  ┌──────┐  ┌──────┐  ┌──────┐  ┌──────┐  ┌────┐
← │2号液 │  │4号顶升梁│  │3号顶升梁│  │2号顶升梁│  │1号顶升梁│  │1号液 │  │电控│ →
  │压站 │  │      │  │      │  │      │  │      │  │压站 │  │柜 │
  └──────┘  └──────┘  └──────┘  └──────┘  └──────┘  └──────┘  └────┘
```

A线(B线)   下一工位 ←━━━━━━ 钢板输送方向 ━━━━━━ 上一工位

```
┌──────┐  ┌──────┐  ┌──────┐  ┌──────┐  ┌──────┐  ┌──────┐  ┌────┐
← │2号液 │  │4号顶升梁│  │3号顶升梁│  │2号顶升梁│  │1号顶升梁│  │1号液 │  │电控│
  │压站 │  │      │  │      │  │      │  │      │  │压站 │  │柜 │
  └──────┘  └──────┘  └──────┘  └──────┘  └──────┘  └──────┘  └────┘
```

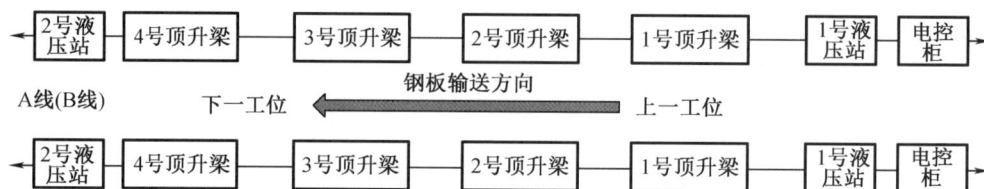

图 5-16 输送台车设计方案

5.4 平面分段智能生产线控制系统设计

基于平面分段智能生产线的总体设计方案,针对平面线集成设计应遵循的规范和标准、生产线各工位集成方案,以及整线智能化要求开展研究并进行详细设计。通过进行平面分段生产线信息化建设,搭建生产线、焊接设备的智能管控系统,应用机器人离线编程、自适应控制技术,提高焊接自动化程度和焊接质量,提升生产线智能化程度。

5.4.1 生产线设计规范和标准

平面分段智能生产线的设计、制造、安装、调试应遵循如下的规范和标准:

《电气设备安全设计导则》(GB/T 25295—2010)

《机械电气安全 机械电气设备第 1 部分:通用技术条件》(GB/T 5226.1—2019/IEC 60204—1:2016)

《大气污染物综合排放标准》(GB 16297—1996)

《起重机设计规范》(GB 3811—2008)

《工业企业设计卫生标准》(GBZ 1—2010)

《日本电气学会电气规格调查会技术标准》(JEC—203—1978)

《电气装置安装工程 起重机电气装置施工及验收规范》(GB/T 50256—1996)

《钢结构设计规范》(GB 50017—2017)

《电气装置安装工程 电缆线路施工及验收规范》(GB 50168—2018)

《电气装置安装工程 电气设备交接试验标准》(GB 50150—2016)

《机械安全 机械电气设备 第 32 部分:起重机械技术条件》(GB 5226.2—2002)

《焊接质量保证 一般原则》(GB/T 12467—1990)

《气焊、焊条电弧焊、气体保护焊和高能束焊的推荐坡口》(GB/T 985.1—2008)

《焊接件通用技术要求》(JB/ZQ 4000.3—86)

《金属熔化焊焊接接头射线照相》(GB/T 3323—2005)

《承压设备无损检测》(NB/T 47013—2015)

《色漆和清漆 划格试验》(GB/T 9286—2021/ISO 2409:2020)

《涂覆涂料前钢材表面处理 表面清洁度的目视评定 第 1 部分:未涂覆过的钢材表面和全面清除原有涂层后的钢材表面的锈蚀等级和处理等级》(GB/T 8923.1—2011/ISO 8501-1:2007)

5.4.2 生产线信息化集成方案

实现生产线智能化的基础是信息化,设计平面分段智能生产线信息化集成方案,是为了通过实现设计数据驱动,实现生产线各管理对象间的互通互联、快速响应。通过拼板焊接、划线切割、纵骨装焊、肋板焊接等自动化装备建设,提升平面分段关键部件生产自动化水平,联通自动化装备、制作对象、作业人员、工艺数据、物流信息等生产要素,突破关键部件协同管控技术,实现平面分段数字化制造。

平面分段智能生产线信息化集成内容包括生产线管理平台(软件)、集中控制室、设备网络构筑(服务器主机、自动化终端设备、网络设备等)、数据输入输出接口及监控设备。平面分段智能生产线信息化集成方案如图 5-17 所示。

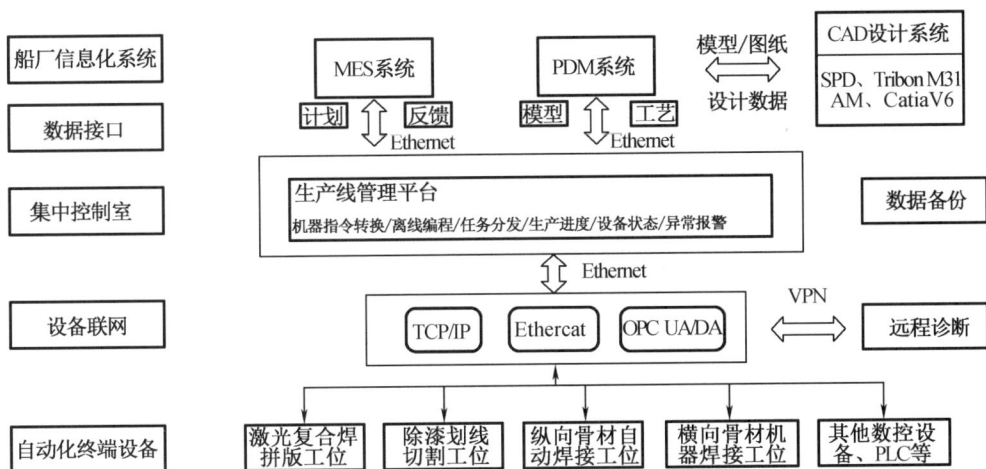

图 5-17 平面分段智能生产线信息化集成方案

该方案主要具有以下信息化功能:

①平面分段生产线管理平台提供机器指令转换、(机器人)离线编程、任务下发、异常报警、生产进度、设备状态等服务;

②平面分段生产线管理平台支持 SPD、Tribon M3/A M 和 Catia V6 设计系统三维模型、图纸、设计数据输入接口;

③集中控制室具有集中管控功能,实时动态反映平面分段生产线生产情况,直观反映各项生产数据、设备状态、报警信息;

④通过部署工业网络及硬件、车间网络与各流水线设备实现通信与集成,可对自动化设备进行状态监测和控制;

⑤支持对各自动化设备进行远程故障诊断;

⑥支持为车间 MES 系统提供设备指令接口等服务。

以此保障平面分段智能生产线生产效率高、质量控制好,具备开放性和兼容性,满足生产线设备制造执行和数据集成的信息化要求。

平面分段智能生产线管理平台在集中控制室中运行,采用总控和分工位控制相结合的原则,对于设计输入、任务分发、生产进度、设备监控、中控屏看板等通过总控方式进行管理,各分工位主要实现各工位任务接收、指令执行、信息收集、完工反馈等功能。图 5-18 示出了平面分段智能生产线管理平台在生产线信息化中的具体功能及任务,其中设计系统、MES、PDM 等船厂信息化系统为管理平台下发任务、计划、模型、图纸等信息;管理平台为各工位设备下发物料信息、机器指令、工艺信息;各工位设备向管理平台反馈生产业绩、设备状态、设备管理信息。

平面分段生产线集控中心设有单独的集控室,集控台、中控屏看板布置在其中,可通过集控台的控制对生产线(如拼板、装焊等)各工位进行实时监控;中控屏看板展示生产线整体、分工位状态、任务计划、生产、作业人员等信息;各工位设备信息化主要实现各工位任务接收、指令执行、设备管理信息、状态信息收集、完工反馈等功能,根据实际生产情况对工位设备下达作业指令,提高生产效率。

生产线各工位配置有专业的信息化设备,主要的设备网络连接方案如图 5-19 所示。

5.4.3 生产线智能管控系统

开展生产线中间产品物流、生产计划、能源管控、建造精度和质量等业务环节制造执行管控技术研究,建立支撑分段建造过程数据实时采集、分析、决策及反馈执行的闭环管控机制,研发适用于船舶平面分段生产线的智能管控系统。

平面分段生产线智能管控系统采用 B/S+C/S 混合架构,并支持移动终端操作;提供对外的 Web Service 服务接口,方便进行系统二次开发以及与 PLM/ERP/PCMS 等系统集成;可通过工位看板、PC 端和控制中心大屏查看生产线生产状态信息。其系统构架如图 5-20 所示。

软件架构图从平面分段生产线生产计划、过程协同、资源(设备、人力、场地)管控、质量管控、决策支持及生产线工位信息的互联互通等六个方面着手,实现平面分段生产线生产过程的自动化、数字化、网络化、智能化的管理与控制。通过 API 数据接口技术与 PDM/ERP/PLM/PCMS/SCADA 等信息管理系统产生数据交互,并实现船舶平面分段生产全过程的实时监控。

5.4.4 生产线焊接设备智能管控系统

平面分段生产线焊接设备智能管控系统支持生产线上所有联网焊接设备的实时运行状态监测和数据记录,并对数据进行统计分析,生成设备、报警、班组等的使用情况分析报表;支持对组织结构主数据、设备名称、短信报警的设定,维保计划管理和维保报表,以及设备配置报表;支持软件包查询、规范设计、规范分配、规范下发、设备工艺规范报表、焊接履历报表、焊接波形查询;支持作业者主数据、作业者信息管理、作业者绑定设备、焊接作业实名化、作业者绩效报表和焊丝消耗报表,为生产和管理提供支持。同时,系统提供的开放数据库,能够为其他管理系统提供可靠的焊接数据支持。

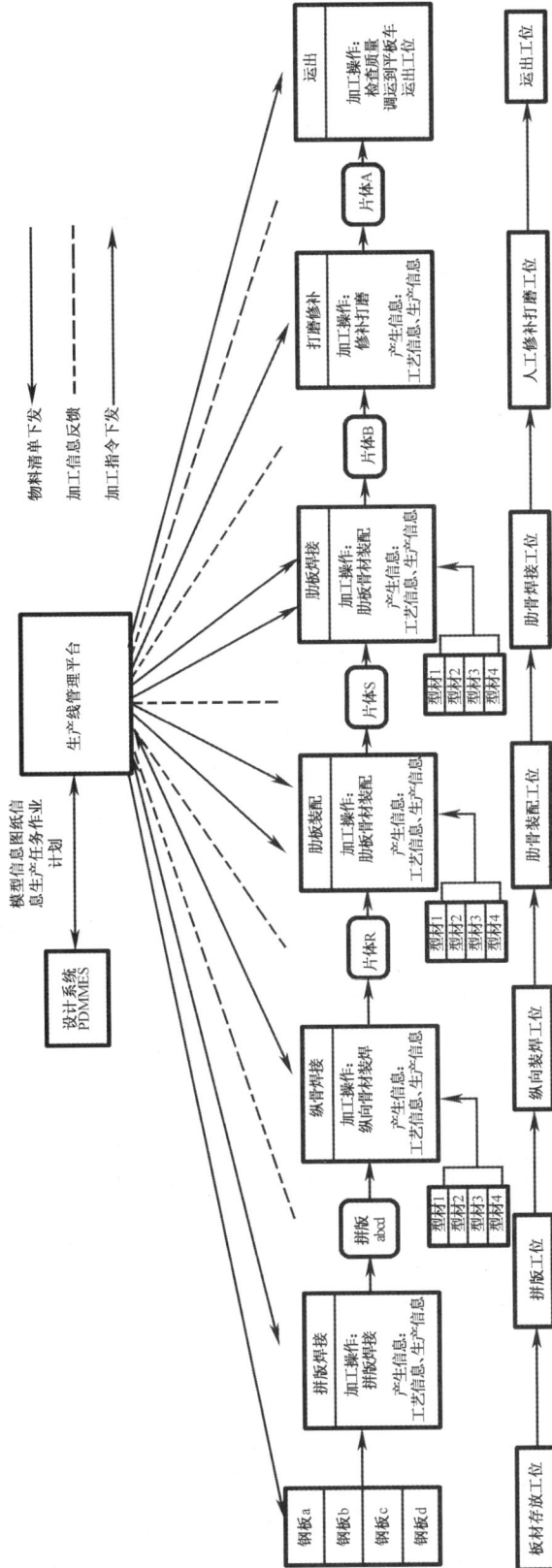

图 5-18　平面分段智能生产线管理平台具体功能及任务示意图

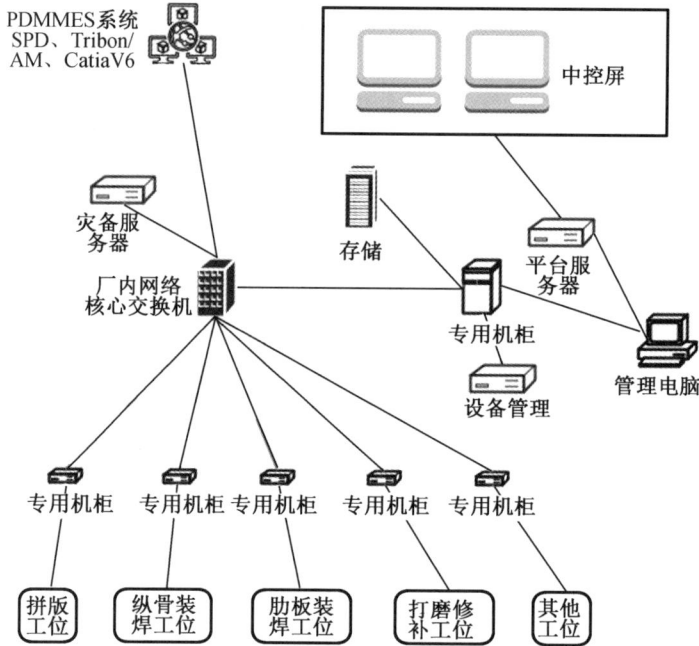

图 5-19 生产线信息化设备网络连接方案示意图

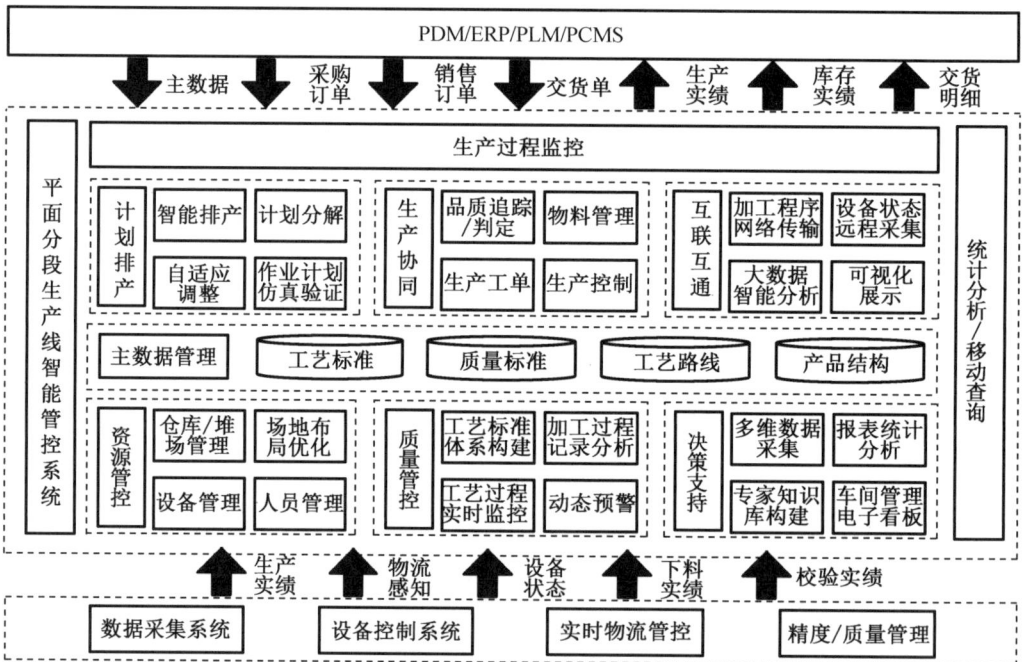

图 5-20 平面分段生产线智能管控系统架构图

1.设备监控模块

设备监控模块具有设备监控、设备状态列表、设备利用率报表、报警履历、报警统计报表,以及数据采集、处理、焊机监测、统计分析等功能。软件实时采集各台焊机的工作电压和电流,通过电压和电流的变化得到焊机的工作状态,并按工位对焊机进行单机和总体监测;对操作者的焊接规范进行监督,及时对操作者超规范焊接情况进行管理。

2. 设备管理模块

设备管理模块具有组织结构主数据、设备名称设定、短信报警设定、维保计划管理、设备配置报表、维保项目报表等功能,实现对组织结构主数据、设备基本配置信息、维护保养信息、报警策略等的设置和查看。

3. 工艺管理模块

工艺管理模块具有软件包查询、规范设计、规范分配、规范下发、设备工艺规范报表、焊接履历报表、焊接波形查询等功能,实现对焊机工艺规范从设计、分配到下发的管理以及对软件包、报表和焊接波形的查询。系统通过设备管理人员录入焊机的采购时间,可以提示焊机保养时间;也可以通过焊机故障报警履历分析焊机出现故障的原因,实时了解焊接设备的故障情况,及时通知维修部门进行故障排除。模块还具有故障即时提醒功能。

4. 生产管理模块

生产管理模块具有作业者主数据、作业者信息管理、作业者绑定设备、作业者绩效报表、焊丝消耗报表等功能。

5.4.5 焊接工位指令生成系统

设计平面分段智能焊接生产线指令生成系统,基于船舶平面分段中间产品的三维设计模型,应用离线编程技术,快速生成生产线相关智能装备的作业执行程序。

平面分段生产线管理平台能够接收 CAD、MES、PDM 系统下发的平面分段的三维模型、组立信息、零部件加工及版图信息,通过配套提供的数据驱动系统软件的交互接口,实现拼板指令、纵骨装焊指令、肋板机器人焊接指令等的转换,实现拼板、纵骨焊接、肋板焊接等工位的工艺设计。

1. 拼板装备指令生成

将板材加工文件(如 xml、gen 等格式)导入管理平台,可转换为拼板机器指令文件,操作界面如图 5-21 所示。

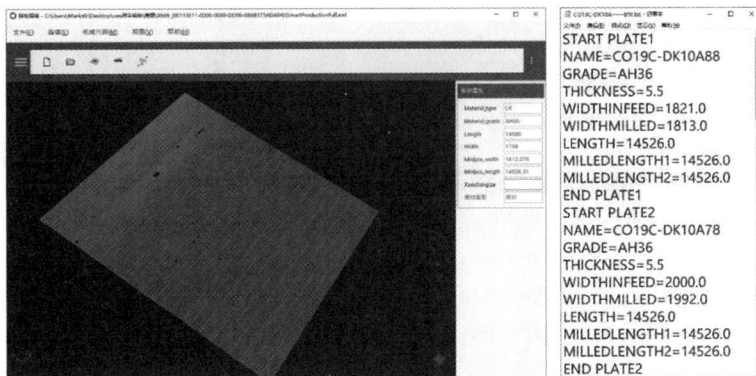

图 5-21 拼板装备指令操作界面

2.纵骨自动焊接装备指令生成

将平面分段纵骨焊接中间产品的加工文件(如 xml、gen 等格式)导入管理平台,可转换为纵骨自动焊接机器指令文件,操作界面如图 5-22 所示。

图 5-22　纵骨自动焊接装备指令操作界面

3.肋板焊接机器人离线编程

将平面分段三维模型(如 stp、igs、dxf、3dxml 等格式)导入生产线管理平台离线编程软件,进行路径规划和焊接工艺匹配,可生成肋板机器人焊接指令,操作界面如图 5-23 所示。

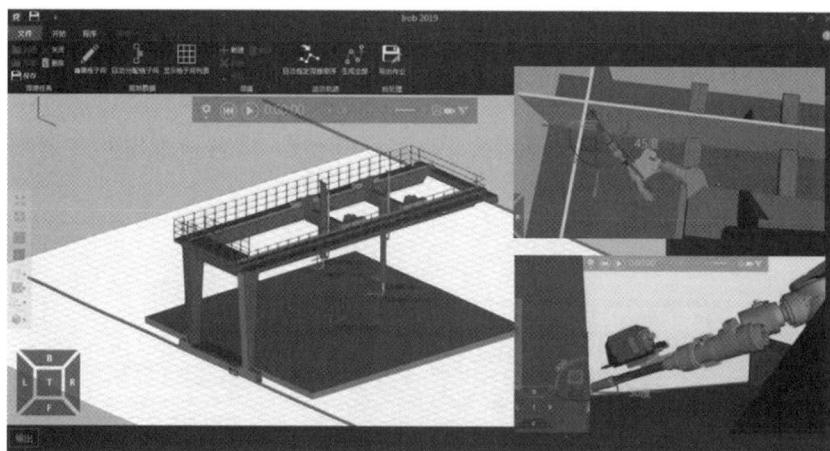

图 5-23　肋板机器人焊接指令操作界面

本生产线肋板焊接工位的机器人应用离线编程技术,根据自行开发的数据驱动软件包,能使用船厂船舶设计软件 SPD、Tribon/AM、Catia V6 等输出的工件设计信息(xml 模型数据信息;或通用三维模型格式,如 igs、step、stp 等)进行数据驱动。通过工件模型的信息,自动分析模型数据,推算出焊接轨迹和匹配的工艺参数,肋板焊接工位的三维数据实现快速离线编程,并且支持离线编程结果的虚拟仿真,检查编程结构是否存在漏焊或焊枪碰撞等问题,如图 5-24 所示,单个典型工件编程时间小于 10 min。

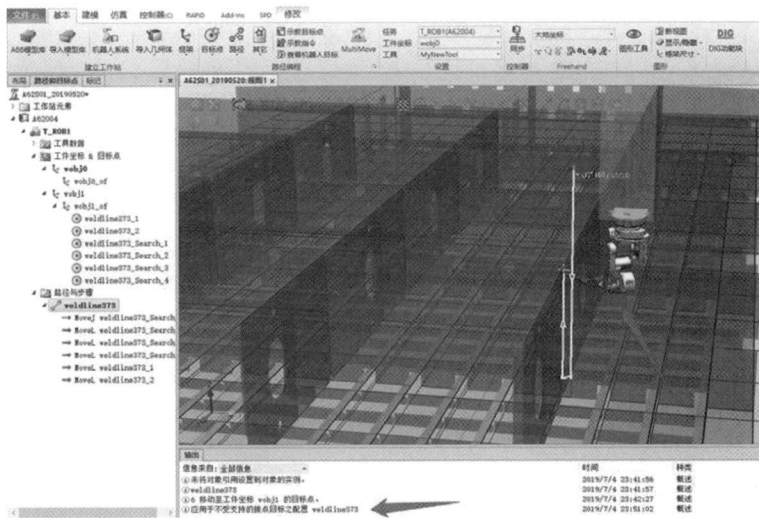

图 5-24 肋板焊接机器人焊接作业仿真

针对焊接对象的材质、厚度、形式、焊材、焊脚和装配间隙等信息,依据焊接工艺规范,建立焊接工艺数据库,将数据库中的焊接电压、焊接电流等焊接规程信息进行匹配,离线系统在生成焊接轨迹的过程中,自动匹配相应焊接工艺数据。可以根据实际生产情况及焊接工艺情况自主进行参数的优化。焊接工艺专家库界面如图 5-25 所示。

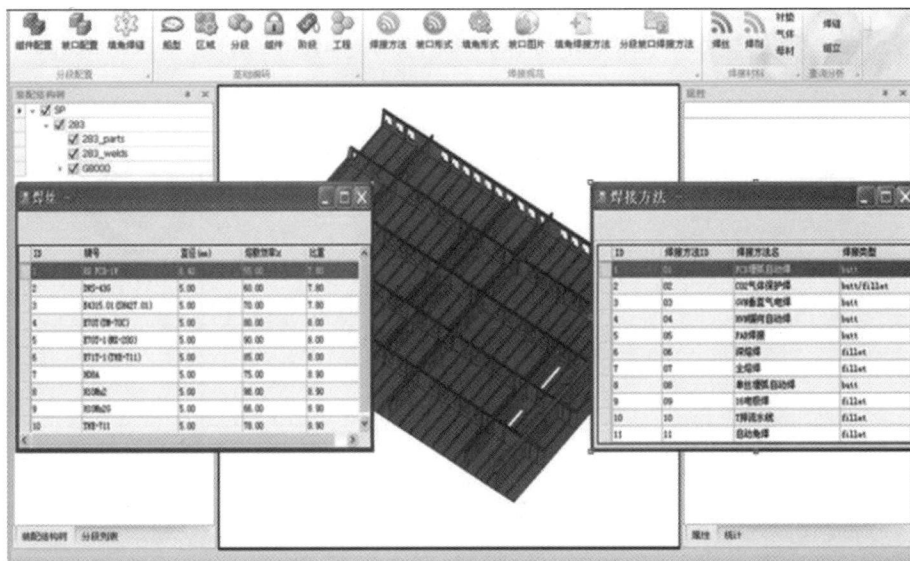

图 5-25 焊接工艺专家库界面

5.4.6　焊接工位机器人自适应控制系统

平面分段建造前道流程存在误差累计,在机器人执行肋板焊接作业时,模型数据与实际对象发生位置偏差,需要机器人根据实际作业环境进行起始点寻找、焊缝跟踪。因此设计机器人自适应控制系统,突破面向误差纠偏的机器人自适应控制技术,解决焊缝纠偏等实际生产中存在的问题,实现平面分段肋板的柔性化焊接作业。

机器人执行肋板焊接作业,需要精确定位焊缝的始末点位置和焊接路径,利用触碰寻位或点激光寻位技术,通过识别焊缝始末点所在端面坐标,构建焊缝用户坐标系,确定焊缝始末点精确位置。根据焊接工艺和焊接动作要求,通过坐标平移获得焊接起弧点、包角点、焊枪姿态变换点等特征点位,指导机器人执行焊接作业。

焊接过程中,焊缝可能并非一条理想的直线,通过在机器人焊枪上安装电弧跟踪传感器或线激光跟踪传感器,在焊接过程中实时感知焊接点与焊缝中心的距离,并自适应调整相对位置关系,保证焊接点始终处于焊缝中心附近,实现机器人焊接过程中的焊缝自动跟踪。焊缝装备误差还可能造成焊缝间隙不一致,通过加装传感器可检测焊缝间隙大小,自动调整机器人焊接工艺参数,进一步提高焊接质量。

5.4.7　生产线控制系统实现

上位机控制系统是平面分段智能生产线生产作业计划内重要的一环。它主要用来完成对生产设备参数配置,以及加工程序生成、系统生产过程的监视。上位机控制系统主要通过编程软件 DIG MP100 实现,主要实现如下功能:

1. 模型文件导入

纵骨焊接机器人控制系统模型文件导入界面如图 5-26 所示。

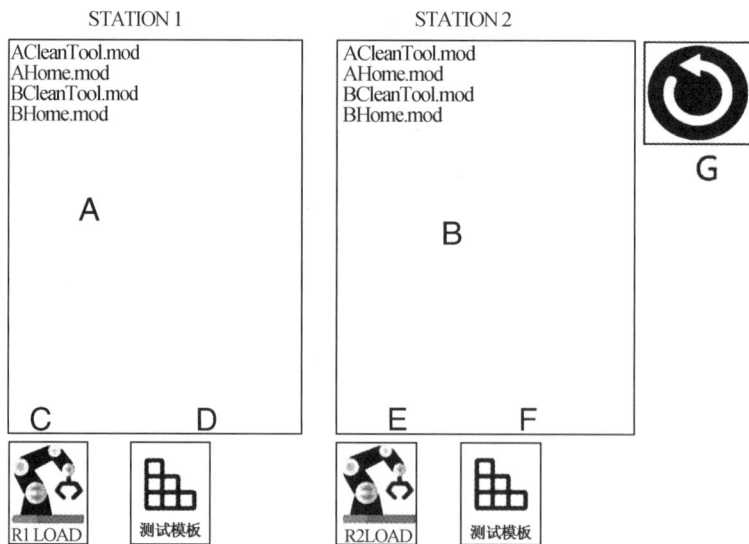

图 5-26　控制系统模型文件导入界面

A:工作站 A 保存的焊缝 JOB 程序列表。

B:工作站 B 保存的焊缝 JOB 程序列表。

C:工作站 A 加载窗口中选中的焊缝 JOB 程序。

D:工作站 B 加载窗口中选中的焊缝 JOB 程序。

E:工作站 B 加载窗口中选中的焊缝 JOB 程序。

F:工作站 B 的测试模板程序,半自动焊接程序。

G:刷新窗口中保存的焊缝 JOB 程序。

导入船舶设计软件(如 SPD)中平面分段模型生成的 XML 建模数据后,系统自动创建好模型。通过结构元素分析,系统生成全部的焊接路径点和焊接路径,并自动进行仿真试验,批量生成机器人焊接作业执行程序。可通过工业以太网发送至现场机器人控制柜,供机器人作业时调用,如图 5-27 所示。

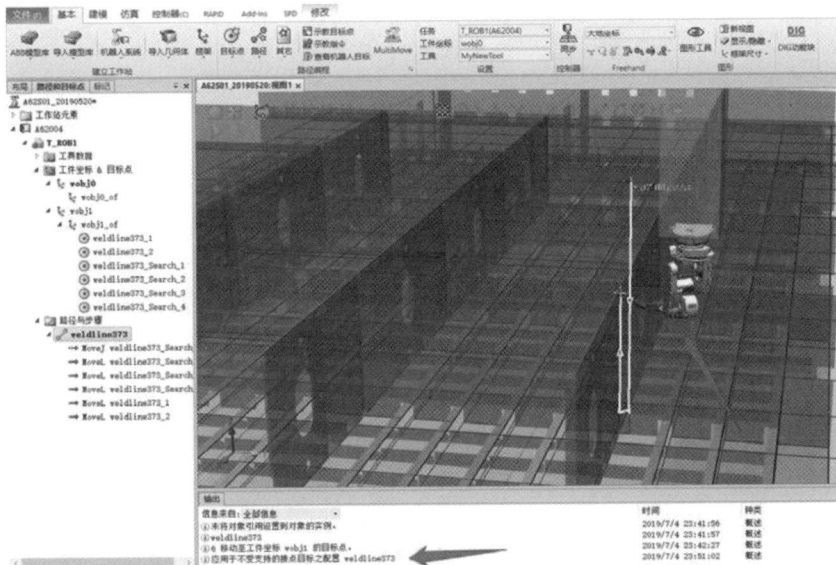

图 5-27 控制系统机器人程序生成

2.焊接工艺导入

纵骨焊接机器人控制软件的焊接工艺导入界面如图 5-28 所示。

A:工作站内保存的工艺编号;点击工艺编号后台数据库中对应的焊接工艺数据可以自动刷新至工艺面板内。

B:工作站保存按钮,修改后的数据需要保存至后台数据库中。

C:将工作站内保存的工艺参数写入机器人控制器中。

D:焊接起点至终点的焊接速度,单位为 mm/s;JOB 号为数字焊接电源内储存好的电流电压焊接工艺代号。

E:机器人摆动工艺参数。

F:机器人跟踪设置参数。

G:机器人寻位补偿参数。

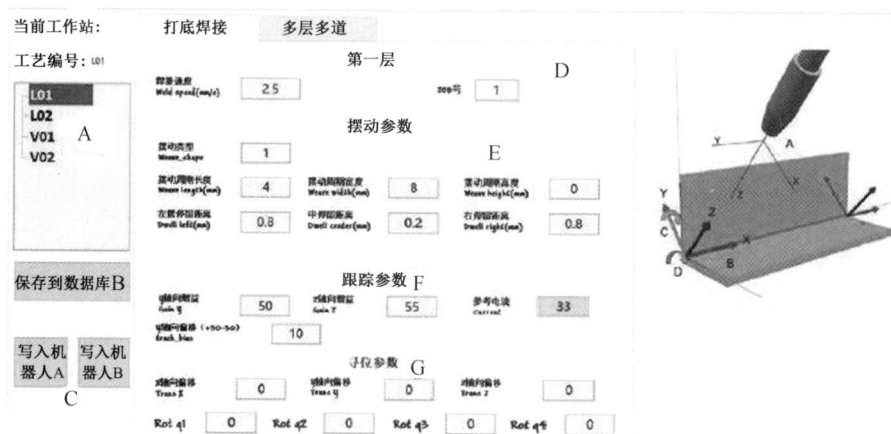

图 5-28　控制系统焊接工艺导入界面

3. 焊缝跟踪参数设置

y 轴向增益:数字 1~100,数值越大,跟踪修正速度越快。一般根据摆动幅度大小调整这个参数,一般的摆动幅度用 30 即可,非常小的摆幅可以尝试 5。

z 轴向增益:数字 1~100,数值越大,跟踪修正速度越快。一般根据摆动幅度大小调整这个参数,一般的摆动幅度用 30 即可,非常小的摆幅可以尝试 5。

参考电流:z 轴调高是根据参考电流来确定焊接过程中焊丝与工件间距离的;这个数值很重要,大于实际电流太多会撞枪,小于实际电流太多会将焊丝干伸长拉很大。

y 轴向偏移:数字为 ±30,主要用于调整焊接过程中跟踪中线的偏移值。

控制系统焊缝跟踪参数如图 5-29 所示。

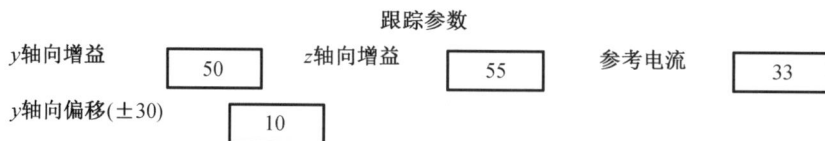

图 5-29　控制系统焊缝跟踪参数

监控界面如图 5-30 所示。

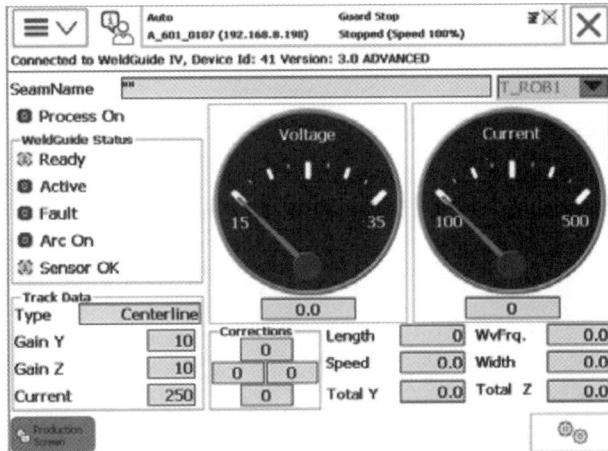

图 5-30　控制系统焊缝跟踪监控界面

5.5　应用案例

平面分段智能生产线总体布置设计根据国内某船厂实际生产需求设计提出,应用于该船厂典型结构平面分段的流水化智能制造。

1. 平面分段智能生产线设计数据

该生产线的设计数据基于国内大中型船厂的实际情况,主要依据车间的尺寸、产能计划及提供的资源类型确定。

2. 车间尺寸

A 线尺寸:约 300 m×28 m(其中旋转工位最大直径为 22.630 m)。

B 线尺寸:约 178 m×28 m。

平面分段智能生产线焊接门架最高点标高在 8 m 以下。

3. 生产能力

按照每班工作 7 h,每天工作两班,每年工作 251 天计算,平面分段智能生产线每年可以生产 22.5 m×22.5 m×2 m 规格的平面分段 1 004 个以上,满足应用船厂的生产需求。

5.6　本章小结

本章针对船舶工业造船中间产品——平面分段——制造自动化、流水化程度低,智能生产线设计与控制技术自主化能力不足等现状,突破船舶平面分段智能生产线总体架构设计,进行生产线设计与控制系统开发,形成经过验证的平面分段智能生产线解决方案与系统集成能力,支撑我国骨干造船企业智能制造的推进,显著提升企业造船生产效率与质量。

第6章　管子加工智能生产线设计与智能控制技术

6.1　概　　述

管系生产工时占造整船总工时的 8%～12%,其中管子内场加工工时占 65% 以上,生产任务重,管子加工制造是典型的多品种小批量离散型制造。与行业内标杆企业相比,武昌船舶重工集团有限公司在设计手段、工艺技术及管理方法等方面都有一定的差距,急需建设以产品生命周期管理、企业信息空间工程、智能生产线控制等为核心的智能制造协同管控体系,打造包括快速设计、制造技术、管理模式、柔性生产、敏捷制造、信息集成、标准体系、持续改进在内的一系列核心竞争力。

本章节紧密围绕船舶管系加工智能化需求,以三维设计数据驱动生产,打通产品从设计到生产、从生产到制造、从制造反馈至管控的信息流,完成产品在研发设计、运营管理、生产制造、物流仓储等环节数据集成共享和协同优化,形成产品研制过程的协同化标准规范;对控制系统进行分析,聚焦智能生产线的高效控制方法,提升产品内部协同研制能力,提高管件生产能力,降低管理成本,提高质量追溯能力,对虚实结合、柔性化的管件智能制造车间的建设起到指导作用。

6.2　总　体　设　计

6.2.1　需求分析

21 世纪以来,随着我国成为世界造船大国,我国船舶中间产品生产制造发展已取得长足进步,产业规模大幅提升。但目前国内船舶管系加工生产企业均采用传统劳动密集型加工方式,采取加班加点的生产模式来满足船舶管系产品日益增长的需求。随着我国船舶工业结构调整、转型升级步伐加快,传统船舶管系加工模式发展滞后问题尤为突出,已成为制约企业快速发展的主要瓶颈。针对船舶中间产品面临的问题,国家鼓励具有较好发展基础的企业开展智能制造,采用先进信息技术、制造技术、智能化装备等不断提高产品生产效率,提高产品质量可靠性,缩短研制周期,扩大产品市场占有率。这为船舶管系加工由传统的加工模式向智能化生产模式转变提供了良好的发展环境。

现有船舶管系加工生产效率、产品质量、生产计划安排等与国外先进企业还存在差距,具体表现在三个方面:一是依靠人编制生产计划无法精确考虑生产设备的运行状态,任务状态及工序之间的衔接性差,无法实现设备及工序间的协同;二是缺乏安全可控核心智能制造装备的支撑,使得产品的加工精度不高;三是缺乏整体性的信息化系统进行生产过程的实时管控,仅有的管控系统无法支撑产业发展需要,无法实现系统间的协同。船舶管系加工现有生产车间人工经验管理模式和生产模式,严重制约产能的增加、效率的提高。因此,建立船舶管系智能制造装备系统,引入新的制造模式,调整产品生产制造方式,应用安全可靠核心智能制造装备和信息化管理系统,对改变产品生产管理和企业发展具有重要作用。

国外先进船舶制造企业依托先进的自动化和信息化技术,较早地将先进的技术引入船舶管系加工过程中,建立了自动化生产线,产品的生产效率、质量等得到大幅提升,进一步促进了企业的快速发展。

我国传统船舶管系加工以密集型加工制造方式为主,随着我国船舶工业结构调整、转型升级步伐加快,国内现有船舶管系加工生产制造模式带来的问题愈发突出,急需加快国内船舶管系智能制造装备系统建设步伐,适应企业发展和市场的需求。我国大部分船厂在市场订单逐年增加的情况下,通过加班加点等方法依然无法满足订单需求,导致大量订单流失,严重制约了企业的发展,现阶段急需通过引入新的技术和制造模式来满足市场需求。

6.2.2　设计目标

本章通过深入讨论,梳理工艺流程,将智能制造理念与传统管加工生产线现有制造模式深度融合,对设备进行数字化升级改造,引进产品制造、自动化物流等高端智能装备,进行装备的工业互联,设计了一条管理信息化、制造数字化、决策智能化的管加工生产线。

6.2.3　生产对象分析

船舶管系的管子数量多、规格复杂、工艺多样。常用管件按材料可分为钢管、有色金属管和非金属管,管件的形状也是多种多样,有直管、弯管、带支管的管件等。管件的直径要求也各不相同,种类繁多。国内许多船厂的管子车间有按照分段进行划分、组织生产的,但并没有将管件进行分类成组。为了提高管件加工效率,管件应参照设计加工特征,按相似性原理进行划分,从而提高设备的利用率。管加工车间中间产品分类如图6-1所示。

管加工车间生产按照成组技术将管子聚类成组,明确碳钢管各系列加工流程,使该类管子加工制作形成科学化、专业化的生产线路,减少生产调度带来的时间和成本的浪费;缓解管加工车间工序间生产物流不畅问题,以提高管加工车间的生产效率。

6.2.4　现场环境与能源介质分析

1. 现场环境

(1)环境温度:0~45 ℃。

(2)相对湿度:≤95%。

(3)振动:振动加速度小于0.5g。

（4）控制柜电源和焊接用电源分别从电网变压器引出，配有独立的空气开关。

（5）控制柜必须分别接地，接地电阻小于 10 Ω。

（6）现场无腐蚀气体。

（7）安全要求：管加工生产线周围应设有安全围栏、安全门等，安全围栏、安全门与机器人之间有互锁功能。

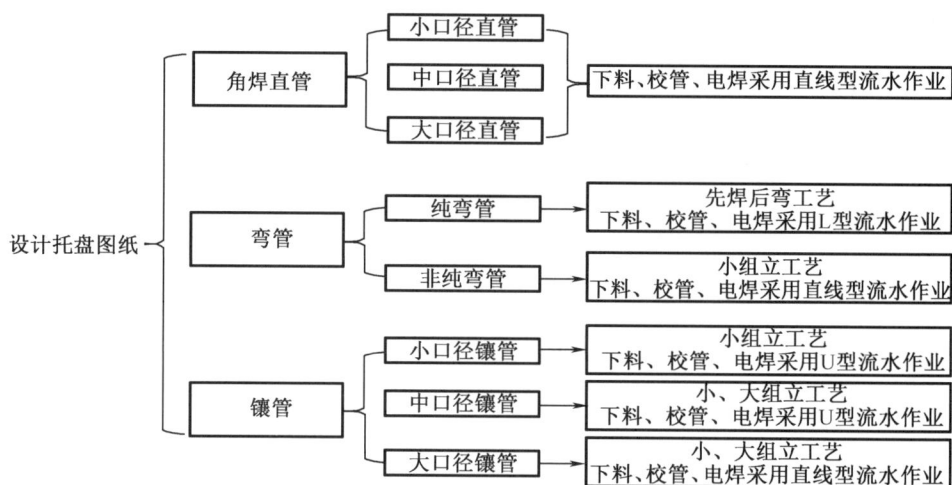

图 6-1 管加工车间中间产品分类

2. 能源介质

（1）标准供给电压：AC 380 V（±10%）3 相 4 线制；电压波动范围：10%、-15%；频率：50 Hz。

（2）控制柜电源：15 kW×2 AC 380 V。

（3）电源：60 A×2 AC 380 V。

6.2.5 工艺流程分析

1. 柔性管加生产线系统工艺流程（图 6-2）

直管加工生产的工艺步骤：管件在立体仓库完成入库等工序，生产任务启动时立体仓库自动完成管件的出库；管件进入自动物流系统，实时测量管径，并通过高效定长切坡一体机完成管件的下料；管件在自动贴标设备处完成贴标，然后进入组对焊接工位；上下料机器人将法兰从法兰库中取出，送至打码工位进行打码，再进行法兰与管件的组对与焊接。管件在工位间以及工位内部的流转由物流系统自动实现。

本方案共包含两个组对焊接工位，分别是碳钢管组对焊接工位与不锈钢管组对焊接工位。生产线有两种工作方式，分别是碳钢管生产方式与不锈钢管生产方式。在碳钢管生产方式下，碳钢管组对焊接工位与不锈钢管组对焊接工位同时工作，均生产碳钢管件；在不锈钢管生产方式下，碳钢管组对焊接工位停机，不锈钢管组对焊接工位独立工作，生产不锈钢管件。

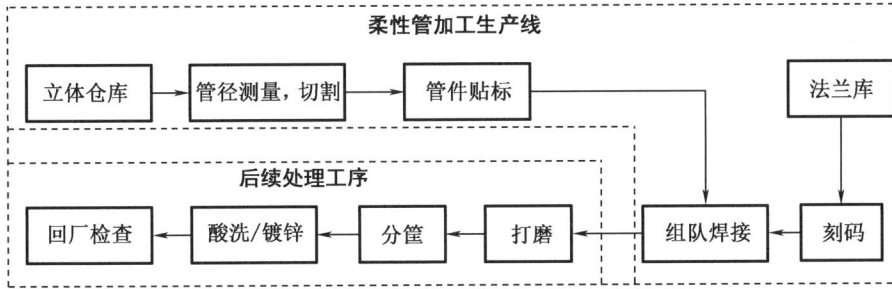

图6-2　柔性管加工生产线系统工艺流程图

2.产线主要技术指标

实现生产线的自动化运行,包括物流转运、切割下料、管件标签打印粘贴、法兰刻码、组对焊接。

表6-1和表6-2列出了船舶管系智能制造装备系统的系统功能指标和系统性能指标情况。

表6-1　系统功能指标情况

名称		指标
系统智能化功能	生产过程的智能调度	支持
	均衡化生产	支持
	在线高精度自动检测与数据采集	支持
	智能物流线自动转运	支持
	管件和法兰自动化上下料	支持
	系统故障自动检测	支持
	生产线工艺流程控制	支持
	生产过程的实时监控	支持
关键核心智能装置	料库出料输送单元	支持
	钢管上料及定长输送单元	支持
	定长切割主机单元	支持
	切割下料单元	支持
	下料后输送缓存单元	支持
	切割工位控制系统	支持
	管件端部打磨系统	支持
	钢管自动贴标系统	支持
	钢管输送对中定位单元	支持
	钢管输送端部定位单元	支持
	缓存输送链系统	支持
	RGV小车输送系统	支持

表 6-1(续)

指标名称	名称	指标
关键核心智能装置	组对焊接工位物流系统	支持
	总线物流控制系统	支持
	上下料机器人系统	支持
	焊接机器人系统	支持
	视觉扫描系统	支持
	智能传感器	支持
	在线检测装置	支持
	智能信息系统	支持

表 6-2 系统性能指标情况

名称	指标
自动仓储系统	(1)库容量:64 根; (2)出入库能力:1.5 min/根
定长切割下料系统	(1)定长精度:±2 mm; (2)切断面垂直精度:1 mm
自动打磨系统	(1)端部打磨宽度:100 mm; (2)表面粗糙度 Sa:≥1 mm
自动贴标系统	(1)贴标速度:0~30 个/min; (2)贴标精度:±2 mm
组对焊接系统	(1)焊接导致的管件长度偏差范围:≤±1 mm; (2)法兰角度偏差:≤0.3°; (3)法兰面弯曲偏差:当 ϕ≥200 mm 时,≤0.5°;当 ϕ<200 mm 时,≤0.3°; (4)法兰螺孔偏差:≤0.3°; (5)焊接成品管合格率:99.99%
先焊后弯系统	(1)管两端中心坐标:±2.5 mm; (2)各弯头坐标:±2.5 mm
自动物流系统	(1)管径:ϕ48~219 mm; (2)管长:0.6~4 m
自动化率	100%
智能化率	70%
产品不良率	<0.1%
典型产品成本	140 元/根
生产产能	17 820 根/月
单位产能能耗	0.026 吨标准煤/万元
管件平均生产周期	8 天
参与工人数量	3 人

3. 生产效率分析与产能估算

(1)碳钢中小径直管生产线产能估算(表6-3)

表6-3　碳钢中小径直管生产线产能估算　　　单位:根

次序	转运	测径	转运	切割	管件转运、法兰刻码	组对	焊接	转运
1	2	1	1	3	3	3	6	3
2	2	1	1	3	3	3	6	
3	2	1	1	3	3			
4	2	1	1	3				
5	2							

表6-3所示各道工序所需时间为管件经过所有工序的时间,考虑到正常情况下多数管件不需要经过所有工序,一根管件从出库到加工完成所需的时间平均约为22 min。

管件的加工为流水线作业,由于产线规划为整体单线流,管件在组对焊接工位的时间最长,每单工位约为9 min(仅供参考,具体以现场实际工艺为准),即生产线每9 min可产出1根管件,以每天工作8 h计算,碳钢工位单班平均产能约为53根(这里以管径114 mm、壁厚8 mm为例,仅供参考,具体以现场实际工艺为准)。

每天按2班计算,每班工作8 h,可以完成管件约107根,以全年工作250天计算,那么全年产能约为2.67万根。若两工位同时生产碳钢管件,产能会有一定的提升,但不成倍上升(由于排产、调度、物流等多方面原因),预计产能为原有的1.5倍(供参考,以现场生产实际为准),每天管件平均产能为160根,以全年工作250天计算,合计总产能4万根。

(2)不锈钢中小径直管生产线产能估算(表6-4)

表6-4　不锈钢中小径直管生产线产能估算　　　单位:根

次序	转运	测径	转运	切割	管件转运、法兰刻码	组对	焊接	转运
1	2	1	1	3	3	3	10	3
2	2	1	1	3	3	3	10	
3	2	1	1	3	3			
4	2	1	1	3				
5	2							

表6-4所示各道工序所需时间为管件经过所有工序的时间,考虑到正常情况下多数管件不需要经过所有工序,一根管件从出库到加工完成所需的时间平均约为26 min。

管件的加工为流水线作业,由于产线规划为整体单线流,管件在组对焊接工位的时间最长,每单工位约为13 min(仅供参考,具体以现场实际工艺为准),即生产线每13 min可产出1根管件。以每天工作8 h计算,不锈钢工位单班平均产能约为37根(以管径114 mm、壁厚 6 mm 为例,仅供参考,具体以现场实际工艺为准)。

每天按 2 班计算,每班工作 8 h,可以完成管件的根数约 74 根,以全年工作 250 天计算,那么全年产能约为 1.85 万根。如果单独生产碳钢,本条线按每天两班生产,那么最大产能为 4 万根;如果单独生产不锈钢,本条线按每天两班生产,那么最大产能为 1.85 万根。

6.2.6 总体布局设计

1. 总体架构

智能管加工车间总体架构如图 6-3 所示,从企业层、车间层、基础层三个层次开展,根据建设需要并结合现有情况,具体如下。

企业层——企业智能化管理建设:主要从智能综合管控平台、产品生命周期管理、质量管理等方面进行具体建设。

车间层——车间信息化建设:主要从生产线信息采集、仓储管理及产线物流追踪等方面进行具体建设。

基础层——主要从柔性管加工生产线、立体仓库及其他智能化基础工程等方面进行具体建设。

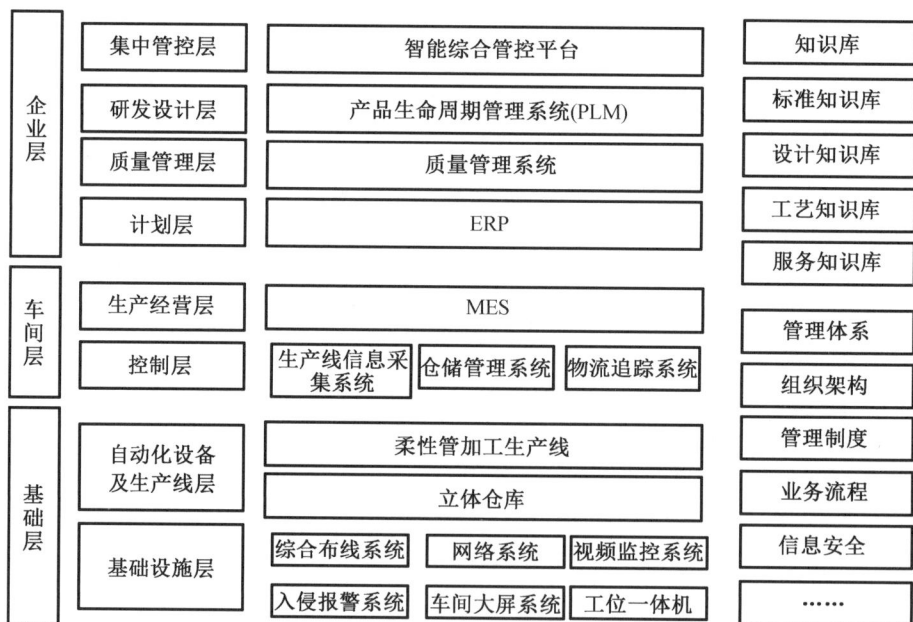

图 6-3 智能管加工车间总体架构图

智能管加工车间建设将依托我国骨干船厂在智能制造方面的经验和现有技术,构建从设计、计划、工艺、制造到管理的全面解决方案,打通信息孤岛,全面提升企业创新能力、制造能力和管理能力。

2. 管加工生产线布局及组成

车间总体布局如图6-4所示。

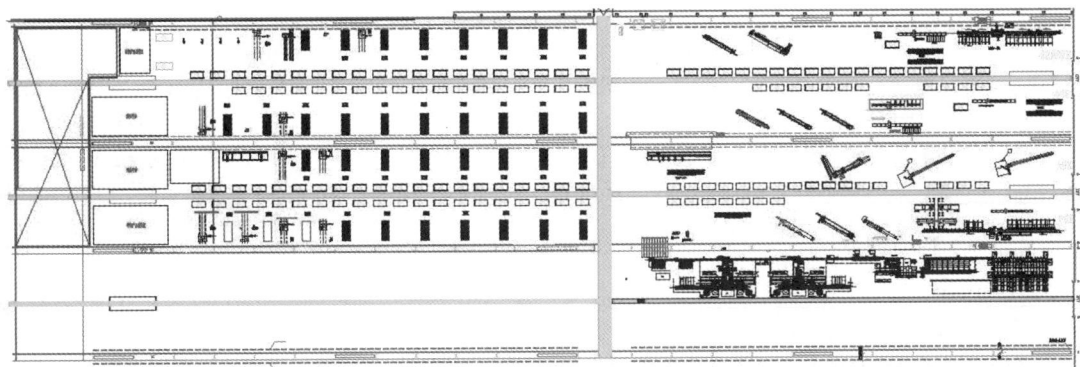

图6-4　车间总体布局图

车间从北向南计算,第五跨为有色管及小径管生产线,第四跨为大径管及中径管生产线,第三跨为管子加工柔性智能生产线。

管加工柔性智能生产线整体布局如图6-5所示。

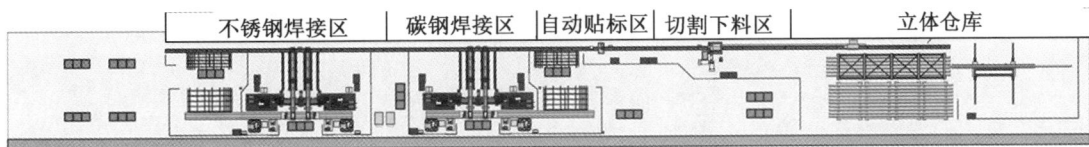

图6-5　生产线整体布局图

柔性智能生产线占地面积近1/4跨大小。生产线内部的工位分区自右向左依次为立体仓库区、切割下料区、自动贴标区、碳钢焊接区、不锈钢焊接区等。管件从原料至成品依次经过以上各功能区,各功能区详细介绍如下:

(1)立体仓库区主要用于直径48~219 mm、长1~12 m管件的存储,可实现原料的自动上架与下架,管件的出库自动配送等功能;

(2)切割下料区主要完成管材的切割工序,包括管材的定长切割和废料回收等;

(3)自动贴标区完成管材切割后的标签打印与粘贴;

(4)碳钢焊接区完成中小径碳钢管件的转运,法兰存储、上下料、刻码,管件与法兰组对、焊接等功能;

(5)不锈钢焊接区完成中小径不锈钢或碳钢管件的转运,法兰存储、上下料、刻码,管件与法兰组对、焊接等功能。

6.3　主要工位设计及设备配置

6.3.1　自动切割下料单元

1. 工位设置

自动切割下料单元主要完成自立体仓库来料管材的定长切割,并具备余废料识别和处理功能。

2. 系统单元组成

自动切割下料单元包括进料端物流、定长机构、管道数控高效切断坡口机、出料端物流。其布局如图6-6所示。

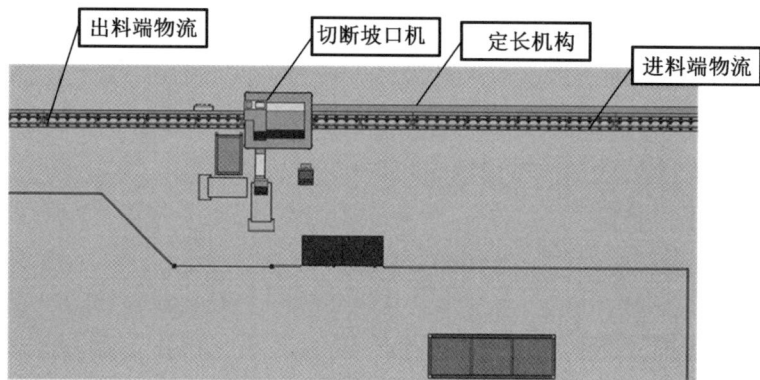

图6-6　自动切割下料单元布局图

切断坡口机进料端物流:承载并自动输送来料管材至切断坡口机,将切割废料翻转到废料筐中。

定长机构:采用伺服电机驱动对待切割管件进行精确机械定长,同时可实现切割尾料的抽取。在定长机构中集成有管径测量装置,在对管件定长的同时完成管件外径、壁厚的测量,辅助定心装置完成定心及判断来料管径的正确性。

管道数控高效切断机:采用刀具对管端进行面接触加工的新型切断机,能够对管材进行高速切断,采用空冷或喷雾油冷方式,能满足较厚管材的切断要求。该设备采用PLC控制、触摸屏人机对话界面操作,也可由产线控制系统根据生产调度内容自动控制,切削铁屑回收至废料筐,定期清理废料筐。

切断坡口机出料端物流:承载并电动输送切割好的管段,将其输送至下一单元。

3. 设备清单(表6-5)

表6-5 设备清单

序号	设备名称	说明	数量
1	管道数控高效切断机	(1)工作模式:自动计算切断尺寸,完成管材的长切割。 (2)可自动定心,计算管件位置,调整管件中心与高效数控切断坡口机相对位置。 (3)切割管径范围:ϕ48~219 mm	1台
2	切割纵向滚道 (配套数控切割机)	(1)功能:辅助切割机输送管材。 (2)适应范围:ϕ48~219 mm	1套
3	CNC 数控定长系统	(1)功能:辅助切割机完成尺寸定长,取出短料头,测量管径。 (2)适应范围:ϕ48~219 mm。 (3)定长范围:0.6~4 m。 (4)定长精度:±2 mm	1套
4	安全护栏	安全防护装置	12 m
5	安全门	安全防护门	1套
6	激光测径仪	(1)功能:自动测量加工管件的外径。 (2)适应范围:ϕ48~219 mm	1套
7	短料头取出装置	(1)功能:取出切割短料头。 (2)适应管长:0~0.5 m	1套
8	单元控制系统	包含控制系统附件、传感器、气缸、电动执行单元、控制柜等	1套

4. 主要功能

自动切割下料单元的主要功能如下:

(1)自动对心夹紧。通过测量的管径,自动切割下料设备,自动调整其高度,实现定心并夹紧管材,避免了崩刀现象的发生和设备的损坏。

(2)自动定长。通过伺服电机驱动的定长机构可实现管段的自动精确定长。

(3)自动切断及开坡口。通过设备控制系统自带和存储的专家库,可实现管件切断和开坡口工艺数据库的生成和自动调用。

(4)废料自动处理。废料管段通过翻转托辊线翻转至废料筐中等待集中处理。

5. 主要技术参数

自动切割设备的技术参数如下:

(1)适用管径:ϕ48~219 mm。

(2)切割前管材长度范围:1~12 m。

(3)切割后管段长度范围:0.6~4 m。

（4）定长精度：±2 mm。

（5）定长方式：机械定长。

（6）管材壁厚：3~15 mm。

（7）切割尾料长度：不小于400 mm。

（8）余料长度：不小于1 000 mm。

（9）切口垂直精度：±1 mm。

（10）管材利用率：大于85%（扣除套料因素影响）。

6. 通信协议及说明

自动切割下料单元与主控单元主要采用profibus-DP进行通信。主控PLC周期性地循环读取从站PLC的通信状态。主控PLC和自动切割下料单元PLC之间的通信主要包括两部分：主控PLC发送给切割下料从站PLC的通信协议和切割下料从站PLC发送给主站PLC的通信协议。

（1）主控PLC发送给切割下料从站PLC的通信协议

主控PLC发送给从站PLC的通信协议主要包括控制命令，具体如下：

①管材切割命令；

②废料入筐命令；

③当前切割管段数量；

④当前切割管段长度；

⑤管材材质；

⑥切割机所需要的参数。

（2）从站PLC发送给主控PLC的通信协议

从站PLC发送给主控PLC的通信协议主要包括测量参数和生产线的运行状态，具体如下：

①管材上料完成状态信号；

②管段切割完成信号；

③废料入筐完成信号；

④设备故障报警信号；

⑤I/O状态；

⑥其他监测数据。

6.3.2　管件自动贴标单元

1. 工位设置

系统可实现标签内容的自动设定，并自动完成特定数量标签的打印，实现标签在管件上的粘贴作业。标签纸采用工业级耐磨材料，标签信息不易被破坏，粘贴较牢固，不易碎，使用结束后可以整体揭下。

2. 系统单元组成

本系统主要包括标签打印机、贴标手臂、抚标机构、控制柜和支架。标签打印机接收控制柜的命令并自动打印相应数量和内容的标签；贴标手臂用于配合标签打印机完成条形码标签纸在管件表面的粘贴工作;抚标机构用于较小管径管件表面标签的二次压紧工作;控制柜主要用来实现系统的自动化,并实现与生产线总控制器的通信;支架用于上述部件的固定安装。自动贴标单元布局图如图6-7所示。

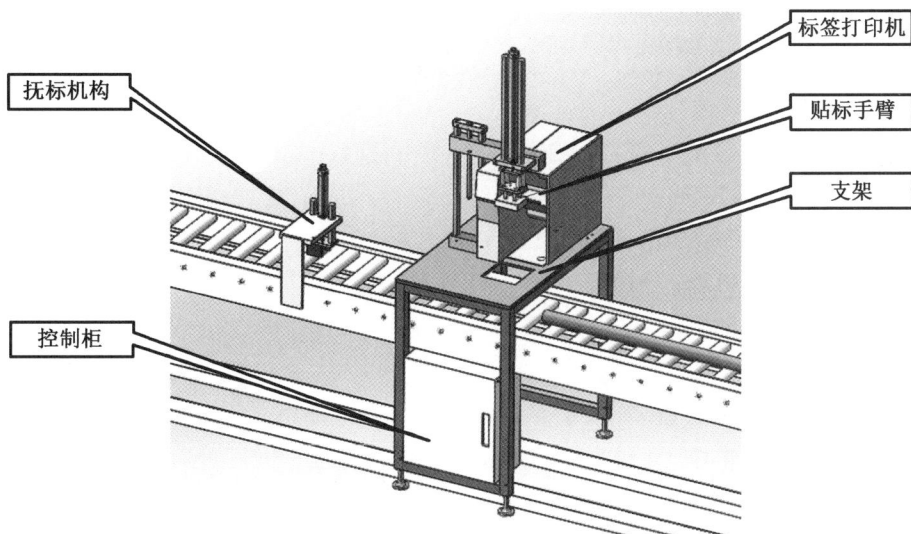

图6-7　自动贴标单元布局图

3. 设备清单

设备清单见表6-6。

表6-6　设备清单

序号	设备名称	说明	数量
1	标签打印机	可打印条形码、字母、数字等标签信息。 字符高度:10~50 mm	1套
2	贴标手臂	贴标速度:0~30 个/分钟。 最大贴标速度:15 m/min	1套
3	支架	自动调整高度,适应不同管径。 调节范围:200 mm	1套
4	抚标机构	实现标签的二次压紧	1套
5	单元控制系统	包含控制系统附件、传感器、气缸、电动执行单元等	1套
6	预置耗材	包括碳带与标签纸	100 m²
7	打印头	易损件	1个
8	胶辊	易损件	1个
9	传动皮带	易损件	1根
10	安全门	安全防护门	1套
11	安全护栏	安全防护装置	5 m

4. 主要功能

（1）标签打印机可实现条形码、数字、字母等标签信息的自动打印作业；

（2）贴标手臂和抚标机构可实现标签的自动粘贴和压紧作业；

（3）单元控制系统可实现自动控制贴标作业和设置贴标内容，以及实现无耗材报警和错误报警。

（4）生产线控制系统可实现自动贴标单元与物流系统托辊运行速度的协同控制；

5. 主要技术参数

（1）单个条码信息容纳字符：10~20 个。

（2）字符高度：10~50 mm。

（3）标签尺寸：60 mm×30 mm。

（4）贴标速度：0~30 个/分钟。

（5）贴标精度：±2 mm。

（6）解像度：300 dpi（12 点/毫米）。

（7）每根管件可贴标数量：2~4 个。

（8）适用管件尺寸范围：直径 48~219 mm、长 0.6~4 m。

（9）未破损标签条码识别率：≥98%。

6. 通信协议及说明

管件自动贴标单元从站 PLC 通过 PROFIBUS-DP 协议与主控 PLC 连接，通信协议主要利用西门子 PLC 控制器自带的 DP 接口来实现，下面就通信参数和内容进行说明。

（1）接收数据通信参数

①标签内容、字体、字号，条形码规格（可统一）。

②管段长度。

③打印贴标使能信号。

（2）发送数据通信参数

①电源指示。

②标签及碳带余量，如技术限制是开关量报警信息，则可根据统计的已打印标签数得出耗材补充预警信号。

③打印机是否空闲。

④实际打印标签数目及间距。

⑤贴标完成数目。

⑥报警信息。

⑦日志信息，已完成管件数，已完成标签数，合格率，打印及贴标速度。

6.3.3 法兰库单元

1. 工位设置

法兰库单元，完成法兰的存储和刻码，可实现法兰按任务顺序取料，法兰位置自动识别与抓取，法兰自动刻码。

2. 系统单元组成

法兰库单元主要包括法兰物料架、待处理法兰物料台、自动刻码机、单元控制系统、安全门等设备。法兰库单元示意图如图6-8所示。

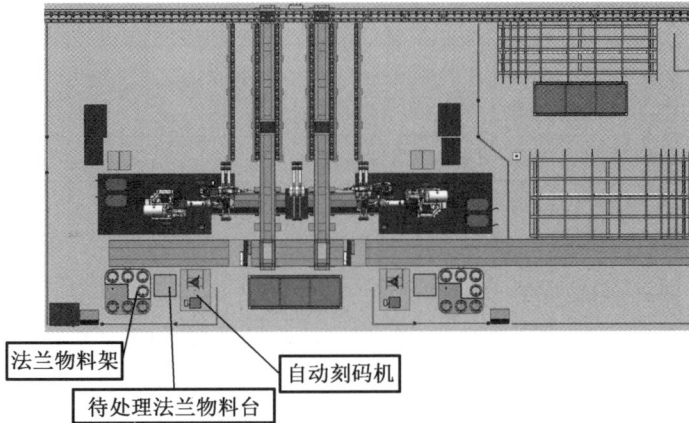

法兰物料架
待处理法兰物料台
自动刻码机

图6-8 法兰库单元示意图

法兰物料架用于法兰的有序上料,分为内侧和外侧。内侧用于生产线正常作业,外侧用于人工上料,单侧均最多存储4种法兰(每种法兰1~5个);当内侧法兰用完后,法兰物料架自动顺时针旋转180°,实现外侧与内侧的交替作业。物料托盘(可选项)用于暂放有效状态的法兰,配合机器人用视觉方式获取法兰的内外径、厚度、安装孔位置等特征信息,保证抓取法兰的准确性。待处理法兰物料台用于放置无效状态的法兰,主要包括无效管件对应的法兰、无法有效识别的法兰等。自动刻码机用于实现对各种法兰的自动刻码作业。安全门用于安全防护和报警等。

3. 设备清单(表6-7)

表6-7 设备清单

序号	设备名称	说明	数量
1	法兰物料架	每个物料架最多存放8种(每种1~5个)	4个
2	物料托盘(可选项)	暂存有效状态的法兰	4个
3	待处理法兰物料台	暂存无效状态的法兰	4个
4	自动刻码机	(1)打印速度:3~180字/分钟。 (2)字体大小:高5 mm、宽4 mm。 (3)打印深度:0.1~1 mm。 (4)打印线宽:0.1~1 mm。 (5)打印精度:±0.1 mm。 (6)圆周打印范围:$\phi120$~350 mm	4套

表 6-7（续）

序号	设备名称	说明	数量
5	刻码机控制系统	由上位机获取法兰编码,根据法兰规格、型号自动判断法兰刻码位置,发出指令信息	4 套
6	单元控制系统	包含控制系统附件、传感器、气缸、电动执行单元等	1 套
7	安全门	安全防护门	1 套
8	安全护栏	安全防护装置	10 m
9	集成设计系统	系统设备集成与定制设计	1 套

4. 主要功能

(1)法兰可按照任务顺序自动取料;

(2)可实现法兰物料架的作业侧与上料侧自动旋转交替功能;

(3)可完成不同材质(碳钢和不锈钢)法兰的自动刻码作业;

(4)可实现字符、数字等信息的刻码作业;

5. 主要技术参数

(1)单个料架最大法兰存储量:8 种(每种 1~5 个)。

(2)每次更换法兰种类:4 种(每种 1~5 个)。

(3)法兰库单个法兰抓取参考时间:20 s(从法兰物料架上抓取法兰并放置在刻码机上)。

(4)刻码法兰材料:碳钢、不锈钢。

(5)打印速度:3~180 字/分钟。

(6)打印长度:任意位数。

(7)打印字高:5~90 mm。

(8)打印字间距:1 mm(可根据实际情况适当调整)。

(9)打印深度:0.1~1 mm(视气源和材料硬度而定)。

(10)打印线宽:0.1~1 mm。

(11)打印精度:±0.1 mm。

(12)圆周打印范围:ϕ120~350 mm。

6. 通信协议及说明

法兰库单元从站 PLC 通过 PROFIBUS-DP 协议与主控 PLC 连接,通信协议主要利用西门子 PLC 控制器自带的 DP 接口来实现,下面就通信参数和内容进行说明。

(1)接收数据通信参数

①法兰规格。

②刻码内容。

③刻码字体。

④字体间距。

⑤刻码深度。

⑥刻码使能信号。

（2）发送数据通信参数

①刻码机电源。

②刻码机工况。

6.3.4　中小径直管组对焊接单元

1. 工位设置

组对焊接单元主要完成法兰的上料、管件与法兰的组对和焊接等功能。

2. 系统单元组成

组对焊接单元主要由以下几部分组成：搬运/弧焊机器人、弧焊机器人、机器人轨道、焊接设备、视觉扫描系统、设备平台焊缝跟踪及初始焊位寻找系统、法兰与管件抓具等。其中搬运/弧焊机器人完成管件、法兰的抓取以及法兰内焊缝的焊接工作；弧焊机器人主要用于点焊法兰并焊接法兰外圈焊缝；机器人轨道为机器人及其他设备提供良好的运行轨道；视觉扫描系统用于扫描法兰与管件；设备平台用于承载机器人、焊接设备及其他辅助设备等。组对焊接工位布局图如图6-9所示。

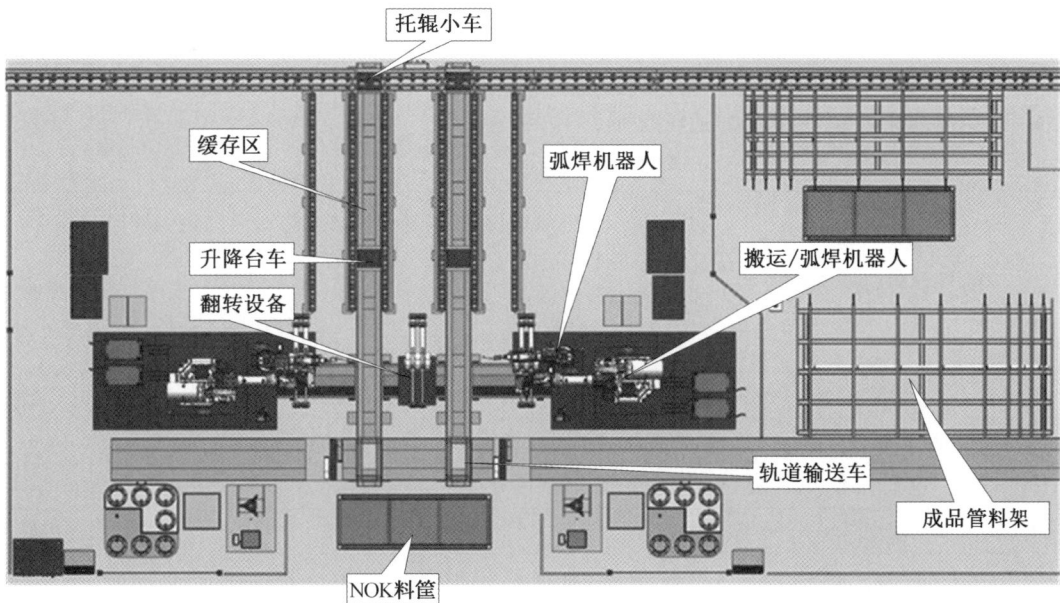

图 6-9　组对焊接工位布局图

3.设备清单(表6-8、表6-9)

表6-8 碳钢组对焊接工位设备清单

序号	设备名称	说明	数量
1	搬运/弧焊机器人	(1)负载能力:60 kg。 (2)工作半径:2 m	2套
2	智能组对装置	(1)可识别法兰的内径、外径、孔位信息。 (2)可实现两端法兰孔位的正确匹配,误差≤0.5°。 (3)含激光扫描硬件设备与识别软件	2套
3	机器人专用焊接设备	(1)焊接电源额定电流:500 A。 (2)功率:23.5 kW。 (3)送丝机送丝速度:1.3~20 m/min(可调)。 (4)适应焊丝直径:0.6~1.2 mm	4台
4	气瓶压力监测设备	主要包含压力传感器、信号变换设备及采集设备	5套
5	上下料辅助装置	(1)适应管件长度:0.6~6 m。 (2)适应管径:ϕ48~219 mm。 (3)承载能力:500 kg	1套
6	焊接组对台车	(1)功能:辅助管件完成与法兰的组对定心工作,辅助焊接。 (2)适应范围:ϕ48~219 mm。 (3)负载能力:500 kg	2套
7	管件轴向定位系统	(1)功能:定位管件轴向位置,辅助管件法兰组对时的端面轴向距离,误差≤±1 mm。 (2)适应范围:ϕ48~219 mm。 (3)包括位置测量设备与跟踪软件	2套
8	导轨	为焊接机器人、焊接组对平台提供导向支撑,含驱动装置	1套
9	拖链、走线桥架等	拖链、桥架、预埋线管、加长电缆、气管等	8 m
10	预置耗材	焊材、保护气、安装垫铁等	
11	工装夹具	抓取搬运法兰	2套
12	焊接组对平台	(1)功能:承载焊接机器人、焊接设备、组对机等,可移动,并辅助完成法兰组对。 (2)承载能力:1.2 t	2套
13	焊接工作站牛眼	实现焊枪 TCP 校准	2套
14	清枪剪丝装置	辅助焊接设备焊接,清理焊枪,剪断焊丝	2套
15	安全门	安全防护门	1套
16	安全防护栏	安全防护装置	20 m
17	除尘装置	管端焊接自动吸收除尘	2套

表 6-8（续）

序号	设备名称	说明	数量
18	弧焊机器人	（1）负载能力：12 kg。 （2）工作半径：1.5 m	2套
19	自动路径规划软件	自动规划焊接路径	1套
20	系统智能控制软件	与柔性产线主控系统交互，完成任务指令的接收与解析；包括机器人焊接控制软件、焊接工作站逻辑控制软件、人机操控软件等	1套
21	系统设计集成与仿真	系统设计集成与仿真	1套
22	单元控制系统	单元系统控制，包含控制系统附件、传感器、气缸、电动执行单元等	1套

表 6-9　不锈钢组对焊接工位设备清单

序号	设备名称	说明	数量
1	搬运/弧焊机器人	（1）负载能力：60 kg。 （2）工作半径：2 m	2套
2	智能组对装置	（1）可识别法兰的内径、外径、孔位信息。 （2）可实现两端法兰孔位的正确匹配，误差≤0.5°。 （3）含激光扫描硬件设备与识别软件	2套
3	机器人专用焊接设备	（1）焊接电源额定电流：500 A。 （2）功率：23.5 kW。 （3）送丝机送丝速度：1.3~20 m/min（可调）。 （4）适应焊丝直径：0.6~1.2 mm	4台
4	气瓶压力监测设备	主要包含压力传感器、信号变换设备及采集设备	5套
5	上下料辅助装置	（1）适应管件长度：0.6~6 m。 （2）适应管径：φ48~219 mm。 （3）承载能力：500 kg	1套
6	焊接组对台车	（1）功能：辅助管件完成与法兰的组对定心工作，辅助焊接。 （2）适应范围：φ48~219 mm。 （3）负载能力：500 kg	2套
7	管件轴向定位系统	（1）功能：定位管件轴向位置，辅助管件法兰组对时的端面轴向距离，误差≤±1 mm。 （2）适应范围：φ48~219 mm。 （3）包括位置测量设备与跟踪软件	2套
8	导轨	为焊接机器人、焊接组对平台提供导向支撑，含驱动装置	1套

表 6-9（续）

序号	设备名称	说明	数量
9	拖链、走线桥架等	拖链、桥架、预埋线管、加长电缆、气管等	8 m
10	预置耗材	焊材、保护气、安装垫铁等	
11	工装夹具	抓取搬运法兰	2 套
12	焊接组对平台	（1）功能：承载焊接机器人、焊接设备、组对机等，可移动，并辅助完成法兰组对。 （2）承载能力：1.2 t	2 套
13	焊接工作站牛眼	实现焊枪 TCP 校准	2 套
14	清枪剪丝装置	辅助焊接设备焊接，清理焊枪，剪断焊丝	2 套
15	安全门	安全防护门	1 套
16	安全防护栏	安全防护装置	20 m
17	除尘装置	管端焊接自动吸收除尘	2 套
18	弧焊机器人	（1）负载能力：12 kg。 （2）工作半径：1.5 m	2 套
19	自动路径规划软件	自动规划焊接路径	1 套
20	系统智能控制软件	与柔性产线主控系统交互，完成任务指令的接收与解析；包括机器人焊接控制软件、焊接工作站逻辑控制软件、人机操控软件等	1 套
21	系统设计集成与仿真	系统设计集成与仿真	1 套
22	单元控制系统	单元系统控制，包含控制系统附件、传感器、气缸、电动执行单元等	1 套

4. 主要功能

（1）管件的自动上下料

①长管通过台车上料

管件输送系统将管件输送到组对处，并将管件放置到组对处，完成装配。

②短管通过机器人上件

输送系统将管件输送到组对处，机器人抓取短管到组对处，完成装配。

③短管件通过机器人下料

管件焊接完成，机器人抓取管件到轨道输送车。

④长管件通过机器人下料

长管焊接完成，机器人将管件取出，输送到下料位置，与轨道输送车对接，完成下料。

（2）自动组对

管件与法兰的组对需要保证以下三个方面：

①法兰与管件的轴心对中；

②两端法兰的径向一致;

③法兰与管件端面的距离。

采用激光扫描与视觉识别的方式来实现。首先视觉扫描装置扫描管件端面,并判断当前管件是否为合格管件:对于不合格管件,直接送入不合格料筐中;对于合格管件,定位其端面中心。然后视觉扫描装置扫描法兰,定位法兰中心及螺栓孔位置。抓取法兰并开始组对,同时管件两端视觉扫描装置进行通信,保证螺钉孔位置一致。

(3)自动焊接

机器人焊接系统完成法兰与管件的自动焊接。当法兰完成组对时,弧焊机器人带动焊枪点焊法兰外焊缝。法兰抓具松开法兰并移动适当距离,机器人调整焊枪位姿与焊机参数,开始焊接,其中搬运/弧焊机器人焊接法兰内圈焊缝,弧焊机器人焊接外圈焊缝。

不同的工况,焊接工艺会有所不同,项目执行中,焊接工艺部分会建立对应的工艺数据库。

非示教离线编程软件会预留焊接工艺接口,根据产品类别自动调取对应的工艺数据库。

5. 主要技术参数

(1)适应管件材料:碳钢和不锈钢。

(2)焊接方式:MIG 焊接。

(3)适应管径:$\phi 48 \sim 219$ mm。

(4)适应壁厚:3~15 mm。

(5)适应管长:0.6~4 m。

(6)适应的法兰种类:搭接法兰。

(7)焊接导致的管件长度偏差:≤±1 mm。

(8)法兰角度偏差:≤0.5°。

(9)法兰面弯曲偏差:当 $\phi \geq 200$ mm 时,偏差≤1 mm;当 $\phi < 200$ mm,偏差≤0.5 mm。

(10)法兰螺孔偏差:≤0.5°。

(11)焊接成品管合格率:99%(在来料管件与法兰满足本协议中的技术要求,且无油污与明显铁锈的前提下)。

6. 通信协议及说明

组对/焊接单元从站 PLC 通过 PROFIBUS-DP 协议与主控 PLC 连接,通信协议则主要分为两部分:组对/焊接单元接收数据通信协议和组对/焊接单元发送数据通信协议。通信协议主要利用西门子 PLC 控制器自带的 DP 接口来实现,下面就通信参数和内容进行说明。

(1)组对/焊接单元接收数据通信参数

①管段外径、长度、材料(计划参数)。

②法兰公称直径、外径、高度(计划参数)。

③输送管件台车数量。

④管段上料请求信号。

（2）组对/焊接单元发送数据通信参数

①管段外径、长度、材料（实际检测参数）。

②法兰公称直径、外径、高度（实际检测参数）。

③碳钢焊接电流、电压、送丝速度、焊丝剩余量。

④不锈钢焊接电流、电压、送丝速度、焊丝剩余量。

⑤管段参数匹配信号。

⑥法兰参数匹配信号。

⑦组对焊接完成信号。

⑧点焊开始信号。

⑨点焊完成信号。

⑩四机器人满焊开始信号。

⑪四机器人满焊完成信号。

⑫成品管件下料请求信号。

⑬成品管件下料完成信号。

6.3.5 弯管单元

现有产线新增弯管加工设备系统主要包括重型数控弯管机、中频弯管机。该系统主要针对现有产线生产能力不足，增加现有产线的管件弯管能力和切割下料能力。新增设备布置在原有切割和弯管区域附近。

1. 重型数控弯管机

KM-A60B-CNC-120 和 KM-A89B-CNC-120 型重型数控弯管机是大弯曲扭矩导管弯制设备。该设备应用工业级计算机控制系统控制机器的运行。控制系统安装有管件塑性成型数据库技术，能实现连续三维管件的精密弯制。该设备设计安装有抗皱模组和芯棒装置，可随时选择有芯或无芯弯制，可用于超薄壁管件的弯制加工。可选择带法兰弯曲装置，该装置能实现法兰先焊后弯功能。该功能利用激光定位技术，能够保证法兰先焊后弯定位孔的精确性。重型数控弯管机还具有先焊后弯功能，主要包括法兰管上料自动让位功能、数字化法兰孔找正功能、数字化法兰孔与起弯角度计算功能、数字化法兰孔与起弯角度自动控制功能、延伸量设定后自动补偿功能、法兰管卸料自动让位功能。

表 6-10 重型数控弯管机主要技术参数

规格	主要技术参数	
	KM-A60B-CNC-120	KM-A89B-CNC-120
最大弯管能力碳钢圆管	60.3 mm×8.74 mm	88.9 mm×11.13 mm
最大弯管能力不锈钢圆管	60.3 mm×5.54 mm	88.9 mm×7.62 mm
最大弯管能力碳钢方管	60 mm×4.0 mm	80 mm×6.0 mm
管材屈服极限	250 MPa	250 MPa

表 6-10(续)

规格	主要技术参数	
	KM-A60B-CNC-120	KM-A89B-CNC-120
芯杆长度	≥6 000 mm	≥6 000 mm
最大弯管角度	195°	195°
弯曲半径	$R20\sim270$ mm	$R40\sim350$ mm
有效穿芯距离	≥6 000	≥6 000
芯杆行程调整量	≥50 mm	≥70 mm
最大弯管速度	$0\sim40°/s$	$0\sim35°/s$
弯管精度	±0.1°	±0.1°
最大送料速度	$0\sim1 000$ mm/s	$0\sim750$ mm/s
送料精度	±0.1 mm	±0.1 mm
最大转料速度	$0\sim300°/s$	$0\sim160°/s$
转料精度	±0.1°	±0.1°
液压系统压力	17.5 MPa	17.5 MPa
电机功率	≤15 kW	≤22 kW
机床中心高度	1 000~1 100 mm	1 100~1 200 mm
油箱容积	300 L	500 L
总长度	7 600 mm	8 300 mm
总高度	1 450 mm	1 580 mm
总宽度	1 300 mm	1 650 mm
通信接口	USB、以太网、串口	

2. 中频弯管机

设备概况:

(1)电机减速机采用国内知名品牌产品。

(2)齿条、导轨等传动件均采用国内一线品牌产品。

(3)设备采用工控机一体化控制。

(4)所有未加工表面喷涂油漆:托辊和压辊要求发黑,所有机加工面做防锈处理;所有设备外表面必须采用喷丸除锈工艺,除锈等级达到 Sa2.5 级。

(5)选用的油漆应适应湿热的气候条件,且质量高。应按照国家标准进行施工及质量检验。

(6)所有设备的表面涂环氧富锌底漆 1 度,干膜厚度 30 μm;环氧云铁中间漆 1 度,干膜厚度 30 μm;面漆丙烯酸聚氨酯 2 度,干膜厚度每度 30 μm。

(7)所有设备油漆颜色后按需方提供面漆 RAL 色标要求执行。

中频弯管机主要技术参数见表 6-11。

表 6-11 中频弯管机主要技术参数

规格	主要技术参数
弯管范围	$\phi76\sim273$ mm
最大弯管壁厚	20 mm
最小弯管壁厚	6 mm
最大弯曲半径	5 000 m
适应管材材质	碳钢、不锈钢、合金钢
最大弯曲线速度	$22\sim150$ mm/min
最大空载速度	2 000 mm/min
中频电源	>300 kW
中频变压器	>1 000 kVA
电机功率	5.5 kW
主电机最高转速	1 500 r/min
中频电源冷却水泵流量	8 m^3/h
中频电源冷却水泵扬程	25 m
中频变压器冷却水泵流量	10 m^3/h
冷却水	自来水
冷却水箱冷却水流量	16 m^3/h
旋转方向	顺时针旋转
满足管子加工能力	管子规格有 $\phi168$、$\phi219$、$\phi273$；最大壁厚 20 mm
冷却水箱规格	≥1 800 mm×1 500 mm×1 500 mm(不锈钢)
带循环水泵	水泵压力 0.4 MPa
通信接口	USB、以太网、串口

6.4 生产线控制系统设计

6.4.1 概述

生产线控制单元实现管件从立体库出库、切割下料单元、自动贴标单元、法兰库单元、组对焊接单元、物流单元以及半成品管件至物料筐的整个生产线的工艺流程和节拍控制功能。

6.4.2 系统单元组成

生产线控制单元主要由 EISE 系统、BCS 系统、主控 PLC 主站、自动切割下料单元从站、自动贴标单元从站、组对焊接和法兰库从站、物流单元从站等部分组成。EISE 与 BCS 系统之间通过以太网连接,BCS 系统与主控 PLC 系统之间通过以太网连接,主控 PLC 主站与各分站之间通过 PROFIBUS 总线连接。各分站接收主控 PLC 主站发送的加工任务和控制命令,进行加工生产;同时将各个生产过程的完成情况发送给主控 PLC 进行监控。

　　生产线控制系统总体框图如图 6-10 所示。图中,主控 PLC 是生产线控制系统的核心部分。主控 PLC 以控制逻辑为主向各个从站发送控制命令,各个分站根据控制命令直接控制执行单元。主控 PLC 尽量不参与各执行机构(电机、气动阀等)的控制。

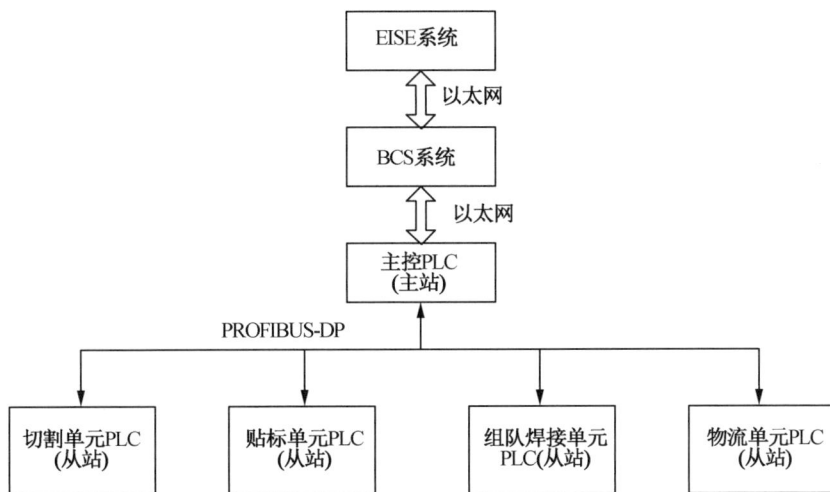

图 6-10　生产线控制系统总体框图

6.4.3　设备清单

　　生产线控制单元中 BCS 系统、管径检测和切割单元 PLC(从站)、贴标单元 PLC(从站)、组对焊接单元 PLC(从站)、物流单元 PLC(从站)由各个分系统单元分别建设,这里不再赘述,设备清单如表 6-12 所示。

表 6-12　主控 PLC 单元设备清单

序号	设备名称	数量	设备型号	生产厂家
1	控制柜	1 个	杰瑞	杰瑞
2	PLC	1 个	CPU315-2-PN/DP(外扩 IO 模块)	西门子
3	显示器	1 个	KTP600	西门子
4	开关电源	1 个	24 VDC、10 A	WAGO
5	继电器	20 个	24 VDC	施耐德
6	空气开关	3 个	220 VAC、4 A	施耐德
7	空气开关	2 个	220 VAC、6 A	施耐德
8	空气开关	1 个	220 VAC、10 A	施耐德

表 6-12(续)

序号	设备名称	数量	设备型号	生产厂家
9	指示灯	1 个	220 VDC、22.5 mm	施耐德
10	指示灯	5 个	24 VDC、22.5 mm	施耐德
11	三色灯	1 个	24 VDC、400 mA	苏州山河
12	点动按钮	4 个	24 VDC	施耐德
13	2 挡旋钮	1 个	24 VDC	施耐德
14	急停开关	1 个	24 VDC	施耐德
15	电源开关	1 个	三相 380 V 电压	施耐德
16	接线端子	100 个		
17	导轨	3 m		
18	线槽	6 m		
19	接近开关	12 个		施耐德
20	控制软件	1 套		

6.4.4　主要功能

(1)接收 BCS 系统加工任务。

(2)控制切割下料单元、自动贴标单元、组对焊接单元、物流单元整个生产线工艺流程。

(3)监控整个生产线工艺流程状态,并上传给 BCS 系统。

(4)设备故障报警功能。

(5)生产线设备参数采集和监测。

(6)紧急情况处理。

6.4.5　主要技术参数

(1)适应管件材料:碳钢和不锈钢。

(2)适应管径:$\phi 48 \sim 219$。

(3)适应壁厚:3~15 mm。

(4)适应管长:0.6~4 m。

(5)适应的法兰种类:搭接法兰。

(6)碳钢管参考产能(与实际车间条件相关):约 2.67 万根/年。

(7)不锈钢管件参考产能(与实际车间条件相关):约 1.85 万根/年。

(8)在线值守人数:≤3 人。

(9)控制系统接口形式:工业以太网。

6.4.6 通信协议及说明

主控 PLC 的通信协议包括与各个分站的通信协议和与 BCS 的通信协议两部分。

1. 与各个分站的通信协议

(1)与切割下料单元的通信协议:与自动切割下料单元通信协议一致。

(2)与自动贴标单元的通信协议:与管件自动贴标单元通信协议一致。

(3)与法兰库单元的通信协议:与法兰库单元通信协议一致。

(4)与组对焊接单元的通信协议:与中小径直管组对焊接单元通信协议一致。

(5)与物流单元的通信协议:与物流单元通信协议一致。

2. 与 BCS 的通信协议

主控 PLC 与 BCS 系统的通信协议主要以接收加工任务、发送生产线状态参数为主,具体的通信协议为主控 PLC 接收 BCS 系统的通信协议。

(1)与切割下料单元相关的数据

①管件切割长度。

②管件切割数量。

③管件废料长度。

④管件材质。

(2)与自动贴标单元相关的数据

①管件焊接标签内容、字体、字号、条形码规格。

②不焊接只切割的管件焊接标签内容、字体、字号、条形码规格。

(3)与法兰库单元相关的数据

①法兰规格。

②刻码内容。

③刻码字体。

④字体间距。

⑤刻码深度。

(4)与组对焊接单元相关的数据

①管件外径、长度、壁厚、材料(管件规格)。

②法兰公称直径、外径、厚度、高度(法兰规格)。

③组对工艺库。

④焊接工艺库。

⑤主控 PLC 发送给 BCS 系统的通信协议。

(5)与切割下料单元相关的数据

①管件上料完成状态信号。

②管件切割完成信号。

③废料入筐完成信号。

④管件下料完成信号。

⑤设备故障报警信号。

（6）与自动贴标单元相关的数据

①电源指示。

②标签及碳带余量，如技术限制可以是开关量报警信息，则可根据统计的已打印标签数得出耗材补充预警信号。

③打印机是否空闲。

④实际打印标签数目及间距。

⑤贴标完成数目。

⑥报警信息。

⑦日志信息，已完成管件数，已完成标签数，合格率，打印及贴标速度。

（7）与法兰库单元相关的数据

①刻码机电源。

②刻码机工况。

（8）与组对焊接单元相关的数据

①管件外径、长度、材料（实际检测参数）。

②法兰公称直径、外径、高度（实际检测参数）。

③碳钢焊接电流、电压、送丝速度、焊丝剩余量。

④不锈钢焊接电流、电压、送丝速度、焊丝剩余量。

⑤管件参数匹配信号。

⑥法兰参数匹配信号。

⑦管件法兰组对完成信号。

⑧管件法兰点焊开始信号。

⑨管件法兰点焊完成信号。

⑩四机器人满焊开始信号。

⑪四机器人满焊完成信号。

⑫成品管件下料请求信号。

⑬成品管件下料完成信号。

（9）与物流单元相关的数据

①组对焊接缓存区状态。

②无需焊接管件缓存区状态。

③升降台车状态。

④轨道输送车状态。

其他状态数据。

6.5　应用案例

针对船厂船舶管件加工形式单一、尺寸多样、批量大的特点，研发管子自动存储上料技术、自动定长坡口切割技术、智能化机器人管-法兰装配焊接技术，以及相关数据控制流程、管子实时套料系统等软件、硬件，形成面向船厂智能车间的管子加工生产线装备系统并在船厂应用，对智能化技术和功能进行验证。

该管子加工生产线试验验证平台的核心技术指标为具备存储上料、定长切割、管法兰自动装配、管法兰自动焊接等作业工位，实现中小径管的智能化加工，管子法兰装配焊接的法兰面变形精度为1°，弯管角度定位精度为±0.2°，定长切割精度为±1 mm，坡口精度为±0.5°。

6.5.1　总体构成

该管子加工生产线验证平台根据作业流程主要研制有管件智能测长定长切割装备、直管法兰智能装配装备、直管法兰智能焊接装备、管件智能弯曲(先焊后弯)加工装备。装备前端有自动管材库，装备间由输送系统、料架等有机串联，实现直管及弯管管件从下料、装配、焊接到弯曲全过程一体化的智能加工作业。

该管子加工生产线主要包括以下系统：

1. 管子加工物流管理系统

开发针对不同管径生产节拍的物流管理系统，以配合立体库的自动化作业。

2. 管子法兰视觉识别系统

针对不同形式的法兰，优化图形算法，提高识别和焊接作业效率。

3. 管子法兰焊接机器人动作路径规划系统

根据不同直径、不同法兰的焊接要求，设计合理的算法程序，实现机器人自动焊接。

4. 国产管件先焊后弯工艺数据库

针对国内生产的不同直径、材质的管材，进行弯曲试验，分析其特征并固化成数据库，全面推广先焊后弯工艺，以适应自动化作业要求。

6.5.2　作业流程

(1)管材由自动管材库输出，自动传输到测长机构的物料架上。

(2)测长机构智能感知测量每根不定尺管子的长度并计入 MES 系统/ER 系统，基于定尺管子则可以测量一组数据并计入 MES 系统/ERP 系统或不需测量直接计入采购信息(数据要求准确)。

(3)MES 系统/ERP 系统中套排料功能模块对批量管子合理选择最佳套排料方案，对单、双和无坡口加工形式及反向切割加工顺序进行智能决策。

(4)决策结果经无余量计算后生成加工数据，自动输入装备控制系统，直接驱动切断坡口一体机，进行智能化的管件定长切割。

6.6　本章小结

本章围绕管加工智能生产线控制技术,聚焦船舶管加工智能生产线控制系统,对控制技术进行了详细分析,从 MES/ERP 等协同管理系统到柔性管加工车间的车间管控及基础设施层进行了详细阐述。着重对各控制系统间的信息流接口进行分析,并对管加工智能生产线控制部分关键技术进行了分析,突破了复杂环境感知与识别技术、多机器人协同控制技术等多种必需技术,对管加工智能生产线控制系统的建设起到指导作用。